金融交易聖經
——圖形辨識

Trade What You See
How to Profit from Pattern Recognition

by Larry Pesavento & Leslie Jouflas
拉里・裴薩文托與萊絲麗・喬弗拉斯｜合著｜
羅耀宗｜譯｜

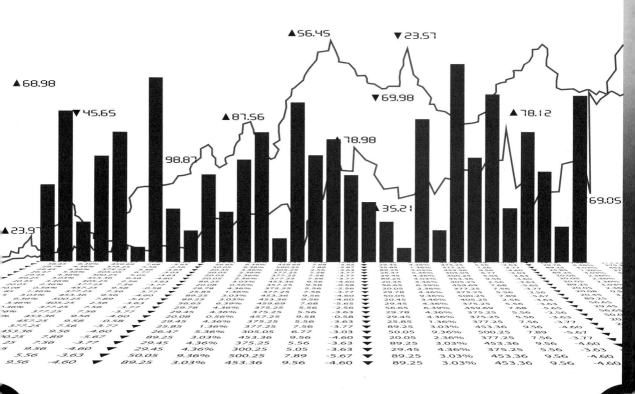

目錄

第 2 篇 價格圖形與如何交易它們

推薦序

理財真功夫就藏在金融交易聖經之中

俗話說的好：「簡單的事情重複做就會成為專家，重複做的事情用心做就會成為贏家。」任何事物的學習歷程都有一個硬道理，當然在金融市場中交易也不例外，學生必須先花時間學習基本功，之後才按不同的法門來選定延伸的發展領域，並擴大學習更為複雜和深入的技術，最後經過反覆的修煉方能有所成。想要成功，沒有一蹴可及的捷徑，誰對基本功的基礎鍛鍊越扎實，誰才最有機會成為贏家。

「在金融市場交易極為困難，但是運用正確的方法，你也能成功。」但何謂「正確的方法」相信就是金融市場中所有交易者在追求的交易聖杯，而這個交易聖杯就在這裡！這本書無疑是我近年來所看到的最佳技術分析書籍，鉅細靡遺的圖解可以讓交易人很明確地明白應用，包括成功與失敗的圖形都有陳述，且每筆停利與停損的策略也都沒有忽略掉，同時不忘風險與報酬的操作叮嚀，實為理財真功夫的最佳修煉祕笈。

任何一檔股票的走勢圖都會忠實記錄它的行徑趨向，但因為每個交易者的認知與解讀的不同，以及操作交易計畫、執行能力的差異，就會造成一檔股票有人狂賺上億，有人慘賠套牢，而這樣的事情在股市總是不斷發生。理財投資絕對是門大學問，學會一身功夫後，還得眼觀四面、耳聽八方，並且要有行動力，才能在金融市場優游自得。投資理財功夫沒有學透，就像讀書不求甚解一樣，以為懂而誤用，就要付出代價；那倒不如從未曾讀到過，反而不會拿去誤用。俗話說：「盡信書不如無書！」就是這個道理。所以，不管面對任何學問，一定要多花時間，徹底理解搞懂，而不要草率吸收一堆「一知半解」的事物，才不會得不償失。

現在能說出這些話來的，多半都已身經百戰，在多次的失敗中學習經驗再度站起。當然包括我自己，股市沒有永遠的贏家，而且不可能一開始就都穩居上風，所以我才會不斷強調，越年輕學習，槓桿越大，因為年輕人資金有限，儘管失敗失去金錢，但獲得的經驗值在未來可是無限的。人生注定要跌跤，

當然是越早越好，也越有力氣對抗挫折，但若可以先經過學習、避免跌跤的發生，你為何不先做好學習？

文中也有提到：「將交易當事業經營。交易有如事業，應該以這樣的態度去經營，學習交易和實際交易都會產生相關的成本。每個交易人都應該仔細探討這一點，才踏進交易這一行，例如交易教育的部分」，這點我與作者的觀念可謂是英雄所見略同。我藉由創辦《理財周刊》、成立理周教育基金會、成立理財周刊網站都是在推廣理財教育，把理財當作事業在經營，不論是透過書籍雜誌、研討會、講座課程或是網站，都是希望藉由不同的平台載具，可以讓交易者學習到正確的理財觀念與理財工具的應用。

其中作者所提出的交易人學習交易教育相關的費用，應該就清楚點出國人的不足之處了。作者文中提到：「交易人可能決定第一年支出 3,000 美元到 5,000 美元在交易教育相關費用上。這些錢可能用於參加現場講習班或研討會、參加現場交易室、研讀書籍和訂閱雜誌。」折合成台幣的話，大概是每年 9 萬到 15 萬元的交易學習費用，就算換成較為接近的所得比，國人每年也應該投資自己 3 至 5 萬元的投資學習成本，如果沒有，那麼就不是在把交易當作事業在經營了。天底下沒有任何一個事業的經營是不需要投入成本的，投入的缺乏與投入的不足，都會造就是否有個成功的事業。

「種瓜得瓜，種豆得豆」，想要有錢，就得具備「有錢」的思維，最低的成本是讀書，市面上相關書籍太多了，無須我再贅述，但請盡量找經典來看，打下的根基會更扎實。這本由具有華爾街 40 年功力的資深交易人拉里 · 裴薩文托主筆的《金融交易聖經——圖形辨識》就堪稱是經典之作，交易人為何成功、為何失敗以及交易成功要採取的步驟，盡在書中。當然報章雜誌、電視媒體資訊也相當龐雜，可以多加比較，找出優質媒體豐富自己的資訊來源。交易是一個不斷完善和調整的過程，做人與做事業同樣也是，理財真功夫就藏在金融交易聖經之中。

理周集團總裁 洪寶山

導讀

在金融市場交易極為困難，但是運用正確的方法，你也能成功。沒有人比作者拉里・裴薩文托（Larry Pesavento）和萊絲麗・喬弗拉斯（Leslie Jouflas）更清楚這一點。他們都是交易人和交易人的教育工作者，一直使用圖形辨識技術，從市場賺取利潤。

裴薩文托和喬弗拉斯在《金融交易聖經——圖形辨識》一書，探討一種技術性交易方法，教你在圖形正發展時找到它們，並且討論如何執行這個方法，以有效管理你的交易。雖然有些圖形來自華爾街最早期的一些交易人使用的技術，其他的圖形却反映了裴薩文托強調市場波動的幾何形狀與費波納奇數字。

這本詳盡的指南，讀來絲絲入扣且淺顯易懂，而且以種種股票和市場為例——可以在全書不計其數的走勢圖範例中看到——說明特殊的圖形如何在不同的市場和時間框架中形成。一旦你在圖形結構的領域打好堅實的基礎，就會熟悉這些圖形如何交易，並且找到將它們整合到交易努力中的最好方式。

《金融交易聖經——圖形辨識》一書分成三部分：
- 揭露如何確認趨勢狀況和討論往趨勢方向進場的技術
- 列舉已經證明可行的各種圖形，從典型的技術面分析到蝴蝶、AB=CD、三衝圖形等
- 就如何配合圖形運用選擇權，提供深入的洞見

但是要想利用本書所介紹的資訊以獲利，唯一的方式是了解每個圖形，並且遵循良好的交易原則。裴薩文托和喬弗拉斯為了幫助你做到這一點，也加進了擬定交易計畫的指導準則，包括：圖形辨識、以機率思考、資金管理、風險評估；以及進場和出場的技術。他們同時指出，務必將交易當作事業去經

營──並且為出乎意料的事件做好準備──因為從其他任何角度來接觸這個專業，都大錯特錯。

《金融交易聖經──圖形辨識》從多年的市場經驗中，吸取得之不易的知識，描述了務實却複雜的一種交易方法，不論交易新手或老手都會同感興趣。

前言

「交易是一趟旅程——不是目的地。」

幾百年前，技術面分析展開它的旅程，協助投資人和交易人以合理的機率，判斷價格的可能走向。投資人和交易人藉技術面分析，找到可望在市場獲利的機會時點。這些規律形成與重複出現的特定圖形，可被確認和量化，並成功發展和執行一些交易方法及策略。

《金融交易聖經——圖形辨識》這本書把重點放在根本結構源於簡單幾何形狀與費波納奇比率的交易圖形。交易人只要花一點時間，觀察和學習基本結構，便很容易看出這些圖形。這些圖形，個個都能量化，並可採用穩健的資金管理策略去執行。

寫一本書，談根據幾何圖形和費波納奇比率的圖形辨識方法，需要感謝早期的幾何學者，包括畢達哥拉斯（Pythagoras）、阿基米德（Archimedes），當然還有偉大的數學家、比薩的萊昂納多（Leonardo di Pisa，更為人所知的稱呼是費波納奇）。這些偉大的學者，生前都到過埃及，研究了大金字塔。現代幾何之父畢達哥拉斯沉迷於金字塔中的數學。在他看來，結構的實際質量，不如所有邊角都在 .01% 內的事實重要。大金字塔之謎有一部分在於數學與黃金比率的關係。黃金比率也稱作神聖比例或 .618。

根據技術面分析寫成的這樣一本書，沒多久之前，正視的人並不多。我們先談技術面分析開始在學術界生根的情型。

科學界的加持

華爾街專業人士多年來都避而不談技術面分析，視之為比茶葉占卜好不了多少。2000 年 4 月 17 日是個轉捩點，因為麻省理工學院（MIT）的羅聞全（Andrew W. Lo）博士在《商業週刊》發表一篇文章，題為〈這種煉金術將

產生純金〉（This Alchemy Will Yield Pure Gold）。文內證實技術面分析能夠帶來交易優勢。這一點，任何市場技術人員當然不感驚訝，因為他們已經成功地使用圖形辨識方法。

但是這篇文章將技術面分析從煉金術時代引進學術殿堂。普林斯頓大學出版社出版了羅博士和克雷格・麥金利（A. Craig MacKinlay）寫的一本書，書名是《華爾街非隨機漫步》（A Non-Random Walk Down Wall Street），分析為什麼在市場上運用圖形可以獲利，以及它們如何重複出現。這可能是投資理財大眾現在會在財金報章雜誌和電視上，看到那麼多走勢圖圖形的原因之一。

早在羅和麥金利的著作發表之前，今天的我們得感謝許多技術面分析大師。賈特利（H.M. Gartley）、威廉・賈勒特（William Garrett）、愛德華茲和麥吉（Edwards and McGhee）、法蘭克・塔布斯（Frank Tubbs）、夏貝克（R.W. Schabacker）、威廉・鄧尼根（William Dunnigan）、拉爾夫・艾略特（Ralph Elliott）、約翰・墨菲（John Murphy）、琳達・雷斯奇（Linda Raschke）、約翰・希爾（John Hill），布萊斯・吉爾摩（Bryce Gilmore）、查理斯・林賽（Charles Lindsay）和理查・威科夫（Richard Wyckoff）這些技術面分析師曾有開創性的貢獻。但如果無意間漏掉了任何名人，在此致歉。

這本書教的是簡單、務實可行的圖形辨識方法。我們將它設計得可以依樣畫葫蘆，實際動手操作，適合技術面分析新生，也適合經驗豐富的交易人。

我們執行交易的格言是「根據你看到的去交易，不是根據你相信的」。真正的技術人員只對價格條柱和這些價格條柱的累加有興趣——這是交易時唯一的真相。交易人必須學會相信市場根據價格告訴他們的事。經由圖形辨識，研究價格行為，最有可能做到這一點。

本書概要

本書要讓讀者全盤了解書內介紹的特定圖形。全書的走勢圖例子用到各種股票和市場，以說明這些特殊圖形確實會在所有時間框架的所有市場中形成。我們介紹的圖形，來自一些典型的技術面分析圖形，以及幾何和費波納奇圖形。每一章的內容大要如下所述：

第 1 章：開宗明義——我們將需要做些什麼，以成功使用本書介紹的資訊，觀察到的一些事情告訴讀者。我們也接觸過千百位交易人，曉得他們為何成功，以及哪些事情造成他們失敗，所以也提供這方面的洞見。

第 2 章：圖形幾何和費波納奇比率——這一章談市場的簡單幾何，以及 x 軸和 y 軸如何用另一種方式說明三角形。我們還談到費波納奇比率的歷史，並且列舉我們用於交易的費波納奇比率。

第 3 章：調和數與調和數的用法——這一章指出所有的金融市場都有我們所說的調和數與重複性擺盪。它們是每個特殊市場內存的要素。本章開始描述每種圖形的基本結構。

第 4 章：AB=CD 圖形 ——AB=CD 圖形是任何時間框架、任何市場中最容易確認的圖形之一，而且是我們所列舉其他幾種圖形的基礎。

第 5 章：賈特利「222」圖形——源自 1930 年代賈特利的著作，這個圖形是一種典型的折返圖形。

第 6 章：蝴蝶圖形——蝴蝶圖形出現在頭部和底部的極端轉捩點；適用於選擇權交易，交易人能以低風險進場。

第 7 章：三衝圖形——這種圖形發出訊號，指某個趨勢就要出現重大的反轉

點或者比較複雜的修正。三衝圖形形成的時候,很容易在價格走勢圖上一眼看出。

第 8 章:折返進場和多個時間框架──我們談簡單的費波納奇比率折返圖形,在往趨勢的方向進場時使用。我們也探討如何結合運用多個時間框架去操作。

第 9 章:典型的技術面分析圖形──這一章討論如何使用費波納奇比率於頭肩圖形、雙重頂和雙重底、擴大頂和擴大底等圖形。

第 10 章:學習辨識趨勢日──單看這一章,就值回本書好幾倍。我們教交易人如何確認趨勢狀況,並提出往趨勢方向進場的一些技術。我們也說明了如何使用費波納奇比率,作為趨勢中的支撐和阻力。我們強調不要在強大的趨勢正行進當中,執行反趨勢交易的重要性。

第 11 章:交易管理──交易管理的祕訣,在於了解風險是交易的最重要元素。我們探討部位規模和確定總風險的方法。本章談我們使用的警告訊號,以及用於進場或者完全捨棄交易的確認訊號。

第 12 章:以費波納奇比率和各種圖形使用選擇權──幾乎每種流動性高的交易工具都有選擇權可操作。由於圖形辨識是個領先指標,所以適用於選擇權。我們提出一些基本的選擇權操作策略,能將風險降到最低,但可望獲得可觀的利潤。

第 13 章:擬定交易計畫──讀者研究過各種圖形之後,接下來可以著手擬定交易計畫。本章提供一個堅實的基礎,藉以擬定交易計畫,而且隨著交易人的經驗與日俱增,能夠不斷擴展。我們倚賴超過半個世紀的交易經驗,說明如何擬定交易計畫。

第 14 章：每天的例行性作業——例行性作業和儀式是交易這門專業必要的部分。成功的交易人和不成功的交易人之間的差別，是在思維的過程和準備上。成功的交易人每天做同樣的事情，為交易做好準備。這一章會建議將哪些活動納入例行性作業。

附錄包括我們推薦的書單、雜誌和網站資源。

如果交易人想辨識圖形進行操作，那就得學習這些重複出現的圖形，並且找到具有預測作用的價格比率。但願你看了之後，覺得這本書在你往前行進的旅程中，是非常寶貴的指南和參考書。祝你這趟交易旅程長久且豐收。

致謝

我們要感謝 Robin Farina 和 Rich Crane 對這本書付出的耐性、時間和無與倫比的協助。我們也要謝謝在少尉軟體（Ensign Software）服務的朋友 John Arrington 和 Howard Arrington；本書所有的走勢圖範例，都是從他們製作的軟體產生的。這家公司的軟體非常適合我們使用的方法。我們要感謝 Shelli Simon 付出的努力和時間。謝謝《期貨真相》（Futures Truth）的 John Hill 願意分享他獲得的資訊和提到的珍貴書籍。謝謝 Mark Douglas 和 Linda Raschke 的審閱和評論。感謝 Jon 和 Liz Maresca 在各方面的支援。

特別感謝 Gary Porter 耐心讀過每一字和每一章，好像他是這套方法的學生似的。十分感謝他的評論與見解。

非常謝謝 John Wiley & Sons 的所有員工給我們機會寫這本書。謝謝 Emilie Herman 付出的所有時間——感激不盡。

我們不可能列出已經與世長辭，但流傳許多寶貴知識到那座大交易室的所有大師，不過，對我們比較重要的一些人，本書有提到他們和仍然在世的一些人的名字。我們提到的那些人，在投機市場發展技術面分析所做的貢獻不容低估。

特別感謝

我想對拉里 · 裴薩文托（Larry Pesavento）致上特別的謝意。你引導我見識市場中費波納奇比率妙不可言的調和世界。謝謝你啟發我和協助我，將我的熱情發展成堅實的交易方法。謝謝你開啟我的這趟旅程。

非常感謝我的家人——母親和父親、兄弟 Marty 和 Todd——在我的整個交易生涯中給我的支持。尤其要謝謝我先生 Gary 無止盡的支持。

第 1 篇

交易圖形辨識入門

第 1 章

開宗明義

只有經過時間的洗禮和經驗的累積，才有辦法學習市場如何運作。這對交易人或投資人來說是非常寶貴的事。

這些年來，我們有機會接觸到許多交易人。有些剛踏進這塊領域，有些則是經驗豐富的成功交易人。我們認為，本書的讀者聽聽我們評論和觀察為什麼有些交易人操作成功、有些操作失敗，對自己是有幫助的。

在你讀這本書和研究所介紹的方法時，我們希望這些洞見將有助於你持續走向交易成功之路。交易需要努力和毅力。有些時候，可能進兩步，退三步。但一旦你找到可望持續成功的方法，沒有什麼事情像交易這一行那麼棒。

第 1 章要談利用本書的最好方式。我們會說明我們對交易人的操作為什麼成功或失敗的看法，並且提出交易人想要操作成功，可以採行的行動建議。

如何利用本書

你往後翻閱本書時，會看到我們列舉許多特定的走勢圖圖形，包括如何進場和管理那些格局的一些建議。我們建議你先求簡單，每天研究兩、三個圖形。

我們也建議你依照這些圖形列舉的順序，研究它們。先從第 2 章的幾何和第 3 章的調和數等基本知識學起，再推進到圖形的形成。這會幫助你打好扎實的基礎和了解我們所教的東西。

談圖形的每一章都有許多交易的例子。一旦你在有圖形結構的地方，打好根本的基礎，就做好了準備，可以進而研究如何操作這些圖形，並且開始思考將它們納入你的操作去執行。我們總是建議交易人在真的砸錢操作之前，先做某種型式的紙上交易或模擬交易。

只有經過時間的洗禮和經驗的累積，才有辦法學習市場如何運作。這對交易人或投資人來說是非常寶貴的事。確定一個人置身於什麼樣的交易環境中十分重要，例如趨勢環境和區間環境就不一樣。認清所有市場中的微妙對稱，是圖形辨識交易人絕對要做的，而且只有透過一種方法才辦得到：練習、練習和更多的練習。

這本書介紹的資訊，可用於賺錢的唯一方法，是了解每一種圖形，並且運用穩健的交易原則。為了協助每位交易人做到這一點，我們提出制定交易計畫的準則，包括圖形辨識、用機率去思考、資金管理、風險評估，以及進場交易和出場交易的技術。其他的主題包括把交易當事業那樣經營，並為突發事件做好準備。不將交易視為事業是錯的。即使交易人不是全職操作，也應該把交易活動視為第二份事業，並且妥善安排。

關係本書的若干走勢圖，提醒一件事：許多走勢圖是以小型標準普爾 500 指數（E-mini S&P 500）合約為例。對交易人來說，這是極為熱門的市場，非常適用於本書解說的圖形。你會發現其中一些走勢圖標記為「ES」，這是 E-mini S&P 500 的基本符號；其他則標記為標準普爾 500 指數（S&P 500）。

操作成功或失敗

每個交易人都有責任去發展操作成功所需的技能和紀律。我們還沒有找到交易中的聖杯，或者簡單的操作方法，也不知道有那種東西存在。許多經典的交易書籍，例如賈特利（H.M. Gartley）寫的《在股票市場中投資獲利》

閱讀小祕書 ／ S&P 500

標準普爾 500 指數英文簡寫為 S&P 500 Index，統計美國上市的 500 個大型股，與道瓊工業指數相比，標普 500 指數，採樣面廣，代表性強，精確度高。

（Profits in the Stock Market, 1935），觀察到哪些因素可以解釋成功的操作和不成功的操作。有趣的是，幾十年來，在這塊領域，我們沒有見到很多變化。一直困擾著交易人的事情，似乎還是同樣那些。但是個別交易人可以採取許多行動以取得成功。

交易就像其他任何專業：學生須先學基本功，然後在選定的領域，擴大學習更為複雜和深入的東西。任何領域的熟練專業人員，都需要辛勤工作和吸取豐富的經驗，才有可能到達某種專長水準。任何專業領域都需全心全力投入，及除了歷經成功，也會走過失敗。失敗可以是最偉大的老師。務必研究何以失敗，才能發展成為更好的交易人。毅力將是成功的操作生涯的關鍵。

發展有利於交易的心念思維，對交易人的成功至關重要。這包括用機率去思考，並且接受損失和獲利同樣是交易一部分的事實。這個過程本身就值得學習。所有這些概念，都必須內化，使它們成為你不假思索，每天所做事情的一部分。

期貨與商品經紀商查納集團（Zaner Group）的業務發展總監雷利 • 史奈德（Larry Schneider）指出，一般人一開始往往投入太多時間於學習方法或系統上。這種作法和交易成功必須採行的步驟剛好相反。依他的見解和經驗，先專心學習心理方法，對新手交易人比較有幫助。他說，交易人務必了解有一條學習曲線擺在前頭，如果不採取行動以保護他們的資金，可能會賠掉不少錢。

每個交易人都必須走過基本上相同的學習曲線；似乎沒人能夠例外。史奈德根據他從事期貨交易業務 34 年的經驗，建議交易人在學習的時候，應該從小做起，例如先買賣市場上有在交易的迷你合約。交易人如果肯花時間去研究執行計畫所需的心理方法，他們將遠遠領先他人。他建議先從心理面去接觸交易，再發展你的交易方法和計畫。

交易人為何成功

我們曾和許多交易人共事、當他們的教練、導師。我們見識過，也經歷過交易過程中可能發生的事情。我們覺得交易人會成功的一些原因如下所述：

- 擁有扎實的知識和了解他們正在交易的市場。
- 對於如何在他們置身其中的市場進行交易，擁有技術專長。
- 擁有已經證明具有優勢的穩健交易方法。
- 根據穩健的交易方法擬定交易計畫。
- 充分的資金。
- 以機率去思考，而不是強調任何一筆交易的結果。
- 良好的資金管理；堅守資金管理準則。
- 有導師指導或者尋求專家和同行提點，以吸取交易知識。
- 先評估風險，再評估獲利。
- 運用一套交易準則。
- 執行日常的例行性作業，包括心理準備。
- 使用停損保護。
- 維持高水準的信心和正面態度。
- 投入交易的流程。
- 毅力。
- 對於操作過程發生的每一件事，負起百分之百的責任。
- 無論賺或賠，養成忘掉上一筆交易的習慣，昂首闊步著手下一筆交易。

交易人為何失敗

反過來說，我們也見過交易人失敗的特殊原因。我們想和你分享觀察到的這些事情，幫助你從那些錯誤學習，避免掉進其中一些陷阱。古諺有云：「聰明的人從自己的錯誤中學習——有智慧的人從別人的錯誤中學習。」

- 缺乏知識；交易人總在沒確實了解投機事業是什麼的情型下踏進這一行。
- 缺乏資金；交易小戶通常會賠錢。能夠成功的極少數小戶，最後總是不上不下，直到他們了解槓桿可以當朋友或敵人為止。
- 缺乏交易方法；他們隨興所至，想到什麼，就用什麼方法。
- 缺乏交易計畫。
- 沒有尋求專家或導師協助；不想投資於任何交易教育。
- 不了解交易中內在的風險。
- 未能認清成功的交易所需的心理準備。
- 沒有應用任何交易準則。
- 調整穩健的交易計畫；早進場，早出場，移動停損點，不進入交易格局。

- 胡亂交易，也就是脫離交易計畫，操作任何東西，而且通常意氣用事。
- 未能培養交易成功所需的紀律。
- 沒有從過去犯下的錯誤學到教訓。
- 沒有投入交易流程。
- 沒有使用停損單，這是小賠滾成大賠的不二法門。
- 將結果歸咎於外部因素，沒有為交易的每個層面負起百分之百的責任。

交易成功需要採取的步驟

學習交易的時候，要牢記很重要的一點：你重複採取的每個行動，都會養成一種習慣。形成的習慣，會使你成功或失敗。習慣本身是中性的；我們不知道它們會產生正面，還是負面的影響。但是，習慣會為你的交易帶來負面或正面的結果。因此，每位交易人努力養成可望確保成功的最佳習慣，才符合本身的最佳利益。

交易人會想在交易中努力做到一點，也就是只做必要的行動。他們應該懷有很高的信心，相信一段時間下來，他們的交易優勢會產生正期望值。經由不斷的測試和執行特定的交易策略，會培養出那樣的信心。我們希望我們所列的項目，將協助你確定要往哪個方向走。

如果你是經驗豐富的交易人，而且已經養成某些習慣，却沒有得到想要的成果，那麼請花點時間，評估你的交易，並且開始培養新習慣，努力得到想要的交易成果。第 13 章有一張工作底稿，題為「20 筆樣本交易工作底稿」（圖13.2），目的是幫助交易人培養新的交易習慣。這張工作底稿著重於透過一連串的交易，反覆做相同的正面行動，以創造新的習慣，並且觀察交易優勢如何產生。

正面的習慣將產生正面的結果。負面的習慣會產生負面的結果，而且會自取其敗。將你交易時的負面習慣列成清單，然後另外開列取代那些負面習慣的正面習慣，可能對你有幫助。交易人老是在達成獲利目標之前軋平一筆交易，可能是負面習慣的好例子。新的正面習慣會要交易人堅持到獲利目標達成為止。另一個例子，可能是交易人在某個圖形完成之前，太早進場。新的

正面習慣會要交易人在正確的進場點執行交易。一旦交易人了解和知道他們的優勢是什麼，他們就會開始見到始終如一執行交易計畫的重要性。他們會知道他們現在在哪裡和想去哪裡之間是否存有差距。如此一來，交易人便能填補必要的步驟，以縮短差距。

反之，要特別注意強化你的正面習慣。你在交易中所做的正確行動，可以進一步培養成強項。

發展互助系統，協助你灌輸新的正面習慣。互助系統可能借重另一位交易人當良師益友。請某個人負起責任，鞭策你走在邁向目標的路上，絕對不會有害處，但是長遠來說，每個行動都是你的責任。

以下列舉的方法，可用於協助你發展個人的行動計畫，以達成你在交易上想要的成功水準：

- 創造正面習慣。
- 以正面的習慣取代負面的習慣。
- 對每一個結果負起百分之百的責任。
- 建立一個互助系統，協助你走在邁向目標的路上。
- 積極主動，改變你的交易方法。

先從你達成目標需要採取的行動清單做起。相信自己；知道你會是個成功的交易人。在你研究這本書的交易圖形時，我們希望前面提到的項目，能夠協助你培養自己為成功的交易人。

【實戰心法】
學習交易的時候，要牢記很重要的一點：你重複採取的每個行動，都會養成一種習慣。形成的習慣，會使你成功或失敗。

【投資小叮嚀】
古諺有云：「聰明的人從自己的錯誤中學習──有智慧的人從別人的錯誤中學習。」
An ancient proverb states, "The smart man learns from his mistakes—the wise man learns from the mistakes from others."

第 2 章

圖形幾何和費波納奇比率

黃金均值的比率，在大自然、音樂、藝術、科學和宇宙中俯拾皆是。世界七大奇觀之一的吉薩大金字塔，結構就是根據這些比率。

本書列舉的所有圖形都是根據幾何形狀；每個圖形都有幾何結構。談論圖形的每一章，都會討論和描述每個圖形的結構，好讓你學習和了解每個圖形是怎麼形成的。不過首先，本章將概觀市場中的幾何簡史。我們希望讓你知道幾何在市場中的重要性，尤其是在本書所介紹圖形中的重要性。

我們會帶你管窺開創這個市場研究層面的一些市場先驅投入的心力，例如甘恩（W.D. Gann）、喬治 · 拜爾（George Bayer），以及《市場幾何》（The Geometry of Markets）的作者布萊斯 · 吉爾摩（Bryce Gilmore）。

圖 2.1 清楚指出當本書提到幾何三角形或對稱圖形時，到底在指什麼。這張圖顯示由價格形成的一個完美三角形，為交易人創造了交易機會。

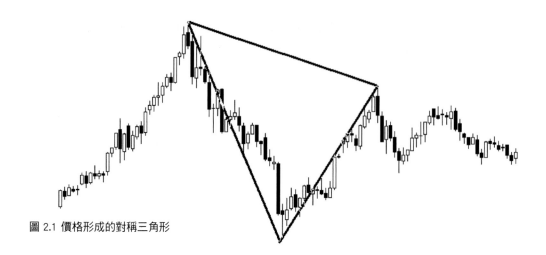

圖 2.1 價格形成的對稱三角形

相較之下,圖 2.2 顯示的是不對稱的幾何圖形,而且大體而言,我們想要過濾掉這些圖形,尋找最為對稱的圖形。這個例子顯示有趨勢的市場極端擴張的情型。請注意長全距條柱發出那段期間價格區間很寬的訊號;這是個警告訊號,第 11 章將詳細討論。

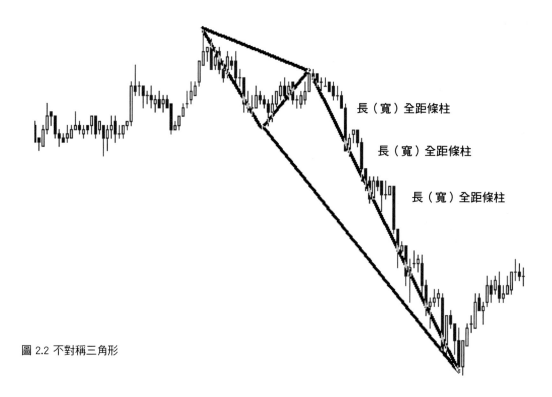

長(寬)全距條柱

長(寬)全距條柱

長(寬)全距條柱

圖 2.2 不對稱三角形

圖 2.3 有兩個對稱三角形，這是 AB=CD 圖形的基礎（第 4 章會討論）。我們在全書不斷強調對稱，在你研究過各種圖形之後，會相當了解這個原則。

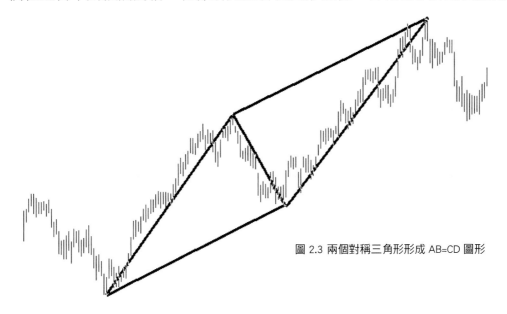

圖 2.3 兩個對稱三角形形成 AB=CD 圖形

市場幾何史

技術面分析和它與幾何的關係，始於 1930 年代甘恩所作的研究。甘恩因為使用甘恩角（Gann angles）而出名。現在許多畫圖套裝軟體都有甘恩角。這些角尤其以 45 度線和他的九方格廣為人知。九方格基本上是將一個圓分成十二格 30 度小區。事實上，這是使用調和數的一種方式（見第 3 章談調和數），但是使用的方式和本書所討論的非常不同。

甘恩 1950 年代初去世後，關於他的生平和研究，一直有許多傳聞。傳說他從交易賺了超過 5,500 萬美元，但他身後的四個孩子表示實情並非如此，遺產只有 25 萬美元左右。不過這在 1950 年代，仍然是可觀的一筆錢。

1930 年代，有個叫拜爾的交易人，向其他交易人介紹費波納奇累加數列。他寫了幾本書；其中一本很特別，書名《哥倫布雞蛋》（The Egg of Columbus），1980 年代中期一度以 25,000 美元的價格出售。這本書非常少見，厚不到 100 頁，大多數讀者很難看懂。拜爾在書中用鳥、魚和哺乳動物

的圖作為一種神祕密碼，描述費波納奇數列如何推進。在熟悉費波納奇累加數列的人看來，這個密碼非常清楚，對不熟悉的人來說却很難。他可能試著提醒讀者，注意費波納奇數字和天文學有密切的數字關係。

拜爾的女兒和甘恩的孩子不同，說她父親靠投機事業過著非常優裕的生活。每一年，他會從加州卡梅爾（Carmel）的家，搭乘私人鐵路車廂，前往芝加哥期貨交易所（Chicago Board of Trade）去買賣穀物。

甘恩和拜爾這兩個市場投機客，都有一個很特別的興趣，那就是同時研究市場占星術──那時和現在都稱為天文週期。雖然本書並沒有觸及天文週期這個主題，但是 2006 年 11 月的《哈佛商業評論》有麗莎 · 布瑞爾（Lisa Burrell）寫的一篇文章，引用依利亞 · 迪契夫（Ilia D. Dichev）和卓伊 · 詹斯（Troy D. Janes）所做的研究，談到新月到滿月之間，28.5 天週期內的股價走勢，却值得注意。文章說，這樣的週期或許可用於預測股票價格。

由於市場參與者的能量給了市場燃料，所以這並不令人驚訝。人的情緒和行為隨著月亮週期而變化，多年來記載已多，而且我們也能從市場上的價格行為變化看到。

甚至於有人引述傳奇色彩濃厚的 20 世紀金融家皮爾朋特 · 摩根（J. Pierpont Morgan）的話說：「百萬富翁不用占星學，但億萬富翁會用。」他雇用全職的金融占星家伊萬傑琳 · 亞當斯（Evangeline Adams）許多年。

亞奇 · 克勞福德（Arch Crawford）可能是最知名的當代市場占星家，在他的新聞信《克勞福德觀點》（The Crawford Perspectives）發表了一些十分準確的市場預測。克勞福德是今天交易領域中十分有名且受人尊重的市場技術專家。

威廉 · 賈勒特（William Garrett）是在市場中使用幾何圖形的另一位交易人和重要的先驅。1972 年，他出版《市場週期力矩分析》（Torque Analysis of Stock Market Cycles；現在由交易人出版公司〔Traders Press〕發行）。賈勒特在這本書中，描述價格走勢圖的行進情型。他在第 89 頁解釋價格走勢如

何切割成三角形，通過正常的擴張進程。這些擴張形成一個圓，帶出圓的平方（使這兩個形狀的面積或周長相等而取得一致），再帶出一個橢圓。這是透過費波納奇級數進行的：

- .618 ～ 1.618。
- 1.618 ～ 2.618。
- Pi, 3.14，這是圓的周長相對於直徑的比率。

讀者請放心，本書列舉的圖形都不像上面所說的那麼複雜。這些年來，幾位極其有成的市場技術專家，終身使用幾何圖形去研究市場。由於他們的突破和發展，現在才有本書要介紹的，根源於幾何、神聖幾何和費波納奇比率應用的各種圖形。這裡要特別指出，神聖幾何的基礎和宗教無關，而是由數字 1 到 5 的比率、平方根和倒數構成的。

費波納奇比率

那麼，什麼是費波納奇比率，以及它們從哪裡而來？我們先談它們是什麼；我們必須回到古時候，才能回答這個問題。一般認為畢達哥拉斯（大約西元前 580 ～ 500 年）是現代幾何之父。他也是古希臘的偉大哲學家和畢達哥拉斯學派的創始人。他和他的學生相信並且教導人們認識現實的本質是數學。

他們相信數字和比例是調和的，以及萬物都和數學有關。然而，我們今天使用的數學系統，仍然相距好幾個世紀之久，不是畢達哥拉斯和他的學生當時使用的，所以他們在證明他們的理論時受到限制。

他們相信比例與調和，在歷史上和所謂的黃金均值（golden mean）形成錯綜複雜的關係。這個概念的其他名詞有神聖比例、黃金分割和黃金比率。這些指的都是數學名詞 phi，用以描述整體相對於部分的比例，被視為是完美的比例。

閱讀小祕書 ／ 黃金均值
黃金均值這個概念的其他名詞有神聖比例、黃金分割和黃金比率。這些指的都是數學名詞 phi，用以描述整體相對於部分的比例，被視為是完美的比例。

畢達哥拉斯的這些和其他許多說法，歷經好幾個世紀，流傳了下來。甚至有人說共濟會（Freemasons）是畢達哥拉斯祕密學派的一個分支。

如果我們上溯到大約西元前 300 年，也就是最後一個古希臘偉大哲學家歐幾里得在世的時候。他率先以有條理的方式，將黃金均值表示成一個數學比率。圖 2.4 說明了這個比例。AB 線代表整體。AB 相對於 AC 的比率，和 AC 相對於 CB 的比率相同。算出來的比率是 1.618 比 1，也可稱之為黃金均值 phi。

A   C   B

圖 2.4 使用黃金均值比率的比例

黃金均值的比率和比例，在大自然、音樂、藝術、科學和宇宙中俯拾皆是。世界七大奇觀之一的吉薩大金字塔（The Great Pyramid of Giza），結構就是根據這些比例。其他的例子包括帕森農神廟（Parthenon）和達文西（Leonardo da Vinci）、林布蘭特（Rembrandt）與 19 世紀的英國藝術家約瑟夫 · 特納（J.M.W. Turner）等人的作品。這只是其中一些例子而已。如果你深入研究藝術史，會發現許多藝術家都運用這些比例，以尋求平衡與和諧；有些人刻意這麼做，有些則是根據直觀。

在大自然中，這些比例多不勝數。它們在我們四周，世界的各個角落中生存與成長。許多種花卉——向日葵、玫瑰、雛菊——都很神奇，充滿這些比例。貝殼、鳳梨，甚至於我們的臉、身體和四肢，都和黃金均值成比例。如果你測量從肘部到指尖的長度，然後測量指尖到手腕的長度，然後是手腕到肘部

的長度，這些比例將反映圖 2.4 所示的黃金均值。

宇宙中存在這些比例的例子不勝枚舉。行星是以橢圓的路徑運行，而且它們的軌道吻合費波納奇數加數列的擴展。其中一個例子是地球的軌道相對於金星／天王星的週期。這些行星的軌道具有獨特的費波納奇 .618 關係；金星和天王星從合相到合相的完整週期為 225 天。拿 365（地球的週期）乘以 .618，得 225。有很多關係重複這些相同的週期，多到數也數不完。

往前推進到 12 世紀的義大利比薩。比薩的萊昂納多（大約 1170～1240 年）在這裡誕生。他長大成人那段期間，正好人們對教育重燃興趣，尤其是研究希臘的科學和哲學。

萊昂納多是遺腹子，暱稱「費波納奇」，可能源自他父親之名 Bonacci。無論如何，今天他的名字和著名的費波納奇序列是同義詞。

萊昂納多起初研讀羅馬數字系統的數學。他很快就對數學的進化做出巨大的貢獻。這套數學，我們直到今天還在使用。他學過使用 9 個數字的東方（印度）系統，並在地中海幾個國家深造。萊昂納多已知的確去過埃及，並且研究過包括吉薩在內的金字塔比例。發現這座大金字塔的構面包含費波納奇比率或黃金均值，他一定大覺有趣。

他根據這些研究，寫了一本書，稱作《算盤書》（Liber Abaci）。這本書雖然只能以一次一本的緩慢速度傳播，卻將使用 9 個數字的系統介紹給全世界。他擴展了他令人印象深刻的數學知識，最後也被人接納，並且成了我們現在使用的標準數學系統。

這個革命性的系統出現之前，所有的計算都得靠算盤，相當費力。使用算盤時，錯誤當然很難追蹤，因為你必須每次從頭來過。他的新數學符號開啟了大門，簡化複雜的數學運算──乘法和除法，更不用提除此之外的數學問題。它們也促進了商業的發達，因為這些新的數學符號，有助於交易人擴張他們的業務。當時歐洲的商業正處於蓬勃發展之際。

費波納奇數列

費波納奇數字來自萊昂納多解開的一道兔子問題,他因此發現費波納奇序列。他在《算盤書》中,算出一對兔子在一年內會繁殖多少隻兔子的問題。答案就是我們今天所知道的費波納奇累加數列:1, 1, 2, 3, 5, 8, 13, 21, 34, 55, 89, 144, 233, 377, 610, 987, 1,597, 2,584, 4,181, 6,765, 10,946...

這個數列可以無限大。每個數字都是前兩個數字之和,例如:1+1=2;1+2=3;2+3=5;3+5=8。許多事物都有這個數列的神奇影子,但特別的是它們和黃金均值的關係。拿第八個數字之後的任兩個相鄰數字,以較小的數字除以較大的數字,算出的數字都是 .618。
以下是三個例子:
1. 89 ÷ 144 = .618
2. 987 ÷ 1,597 = .618
3. 6,765 ÷ 10,946 = .618
拿第八個數字之後,任何相鄰的兩位數中較大的一個除以較小的數字,會算出 1.618。你會在本書稍後列舉的走勢圖例子,看到我們使用的這個延伸比率之一。例如:377 ÷ 233 = 1.618

萊昂納多所作的貢獻,經過許多年才生根茁壯並且改變商業世界。這是他的願景,並且將數學世界往前推進。但我們懷疑他的願景可能包括,或者他可能預見這個令人神奇的數列,會在幾個世紀以後用於投機的藝術和在市場中的交易。

本章的下一節將介紹我們的走勢圖圖形中,平常使用的特定費波納奇比率。

應用費波納奇比率

觀察費波納奇序列時,你可以想像會有許多費波納奇比率。但我們在交易時,只關注其中一些。後面的章節,你會發現不少走勢圖範例用到這些比率。以下這些是我們在走勢圖圖形結構中使用的主要費波納奇比率:

● .618—Φ

- .786—.618 的平方根
- 1.000
- 1.272—1.618 的平方根
- 1.618

偶爾我們也觀察和使用一些次要的比率，如：

- .382—主要用於有趨勢的狀況
- .500—主要用於有趨勢的狀況
- .707—用於在 .618 和 .786 之間完成的 AB=CD 圖形
- .886—.786 的平方根；用於在 .786 之下完成的 AB=CD 圖形
- 2.000—用於在 1.272 和 1.618 延伸數字之外擴張的市場

圖 2.5 的走勢圖例子，顯示應用費波納奇折返工具時的費波納奇比率。這個例子中，我們列出 .382、.500、.618、.786、1.000、1.272 和 1.618。這是許多套裝軟體中，使用費波納奇折返工具的標準設定，而且大體而言，是我們使用的標準設定。

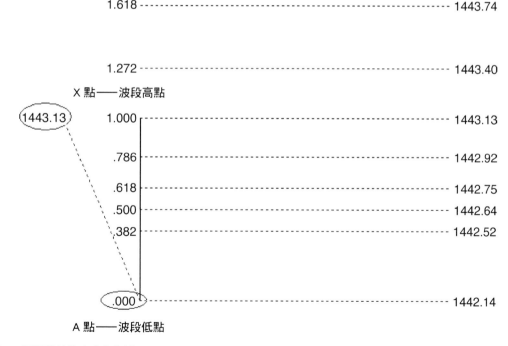

圖 2.5 運用費波納奇比率的例子

現在來看看這些費波納奇比率放到圖 2.6 的實際價格走勢圖上是什麼樣子。你可以看到，價格在每個費波納奇比率水準的反轉情型。

從低點到高點的這個波段，X 點是低點。我們見到價格幾乎正好在 .618 的水準找到支撐。這表示價格從 A 點的波段高點折返到 .618 的價格水準，約為總波段長度的三分之二。折返到 .382，則約為總波段長度的三分之一，.500 的水準則為波段長度的一半。.786 的水準約為整個波段長度的四分之三。

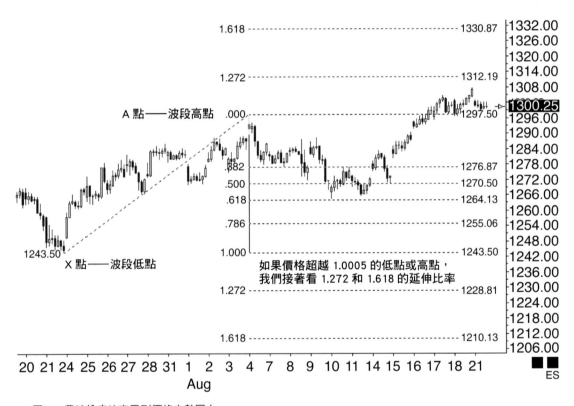

圖 2.6 費波納奇比率用到價格走勢圖上

這裡要特別指出，我們不見得總是能在費波納奇比率的落點，得到完美的支撐或阻力。你會在本書的許多走勢圖例子看到這一點。我們總是結合各種走勢圖圖形，也結合目前的市場狀況——亦即區間交易環境（收縮）相對於趨勢環境（擴張）——使用這些比率。

使用幾何三角形的方法很簡單，只要看連接高點到低點的點，反之亦然。收縮三角形是以 .618 和 .786 的數字在收縮。

相等的三角形是指有 AB=CD 邊的三角形（請參閱第 4 章談 AB=CD 圖形）。正在擴張的三角形，是以 1.272 和 1.618 的比率在擴張。必須費力才看得出來的圖形，通常不對稱，應該避免去交易。形狀良好的對稱圖形有很多交易機會，交易人應該把心力集中在這些圖形上。

請回頭看圖 2.3。和任何交易方法一樣，所有的交易都只是機率而已，從來都不是十拿九穩。

在研究和學習這些圖形時，你會看到有些股票和市場的某個費波納奇比率重複出現的次數多於其他的比率。舉例來說，你可能注意到某一檔股票在 .786 交易的次數比在 .618 頻繁。或者，你可能注意到某檔股票或某個市場中，某個次要數字（例如 .707）更常出現。在你看到它們的時候，把它們記下來，對你是有幫助的。

小結

溫習本章可以知道，幾何和所形成的價格圖形，是可以互換的。幾何是本書列舉的每一種圖形的重要基礎。圖形都是角度和大小不等的三角形，有些我們取了巧妙的名稱，例如賈特利「222」圖形（第 5 章）或蝴蝶圖形（第 6 章）。

基本原則仍然相同：這些圖形都是幾何；它們重複出現，而且可以量化。在不斷研究和吸取更多經驗之後，你的眼睛會訓練得容易看出對稱相對於不對稱的圖形。

在你投下不少時間研究，並將相關的原則付諸應用之後，現在知道以幾何為基礎的這些圖形，總是存在於價格走勢圖中，而且我們已經教你如何看出它們。我們希望，不曾從這個角度看價格走勢圖的許多讀者，會和我們剛研究這些現象時一樣動容。

【實戰心法】
必須費力才看得出來的圖形，通常不對稱，應該避免去交易。形狀良好
的對稱圖形有很多交易機會，交易人應該把心力集中在這些圖形上。

【投資小叮嚀】
和任何交易方法一樣，所有的交易都只是機率而已，從來都不是十拿九
穩。
As with any trading method, all trades are only a probability and never a
certainty.

第 3 章

調和數與調和數的用法

調和數在每個市場和每檔股票都會發生，非常有意思的振動擺盪現象。

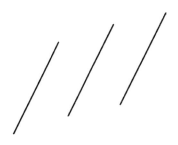

學習調和數是什麼和如何使用它們，將是全面了解市場行為和本書所介紹圖形的關鍵。調和數在每個市場和每檔股票都會發生，非常有意思的振動擺盪現象。每個市場都是由市場參與者供應的能量構成的。這又造成價格的擺盪，而它是可以衡量且重複發生的。

本章要說明調和數是什麼，以及它們如何成為本書所介紹基本圖形結構的根。我們會觀察和價格擺盪有關的調和數這個詞，並且探討可以如何應用調和數於你的進場、出場交易和設定停損點。

調和數一詞的起源

雖然調和數一直內在於市場和個股中，這個詞卻來自吉姆・特恩提曼（Jim Twentyman）。特恩提曼是加州維斯特伍德（Westwood）的康迪商品交易公司（Conti Commodity Trading）辦事處經紀員，曾經深入探討甘恩所作的分析，並且被視為研究甘恩著作的專家。1970 年代，他在稱為投資中心（The

Investment Center）的一家書店服務一年。這家書店距康迪商品交易的辦事處很近，販售的投資書籍多達 5,000 冊以上。特恩提曼因此有機會遍覽甘恩的著作，包括他寫的占星書籍。

特恩提曼的神聖幾何數字知識，因為這方面的研究而不斷更上一層樓。他曾經研究甘恩的價格與時間平方的概念。他利用甘恩的九方格（這是一個 360 度的圓，分成十二格 30 度小區）和費波納奇累加數列，發現我們現在所說的調和數。這些數字在所有時間框架的所有市場中重複出現。

定義調和數

我們先來定義和物理學有關的調和一詞：調和（Har-mon-ic）——物理學——週期振盪中，頻率是基本頻率整數倍的任何成分。在你研究市場或個股時，會看到它們在任何時刻，只做三件事中的一件：

1. 上漲。
2. 下跌。
3. 橫向移動。

市場總是處於擴張或收縮的過程中。大體而言，市場花在收縮的時間——在區間中交易、橫向交易、形成支撐區和阻力區——多於呈現趨勢的時間。圖 3.1 是橫向交易市場的一個例子。

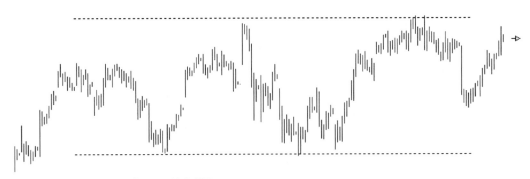

圖 3.1 橫盤市場：道瓊期貨 60 分鐘走勢圖

趨勢中的上升趨勢，可以定義為高點愈來愈高，低點也愈來愈高，下跌趨勢則是高點愈來愈低，低點也愈來愈低。

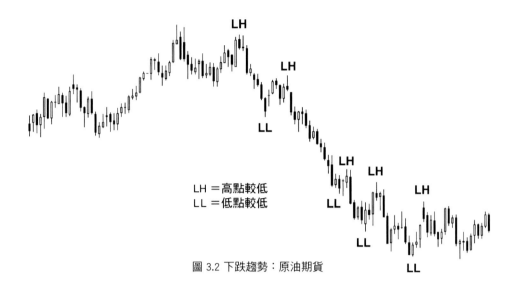

LH ＝高點較低
LL ＝低點較低

圖 3.2 下跌趨勢：原油期貨

圖 3.2 是下跌趨勢的例子，圖 3.3 則是上升趨勢的例子。當市場在區間內盤整，稱它們處於收縮走勢之中。走勢如果呈現趨勢，則是在擴張之中。我們希望你在有趨勢的市場中交易，並從振動、重複和擺盪的角度去思考。市場中的振動，可以想成是聲波。聲音愈響亮，傳得愈遠。行進的過程中，聲音會慢慢失去動能，最後消失不見。同樣的比喻也可用於描述掉落的物體。

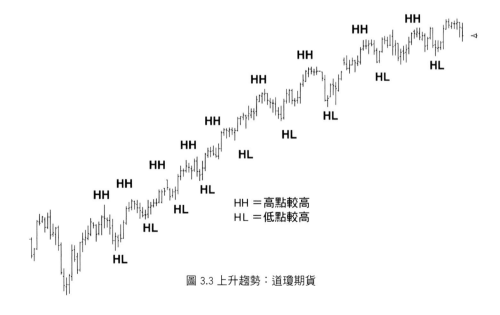

HH ＝高點較高
HL ＝低點較高

圖 3.3 上升趨勢：道瓊期貨

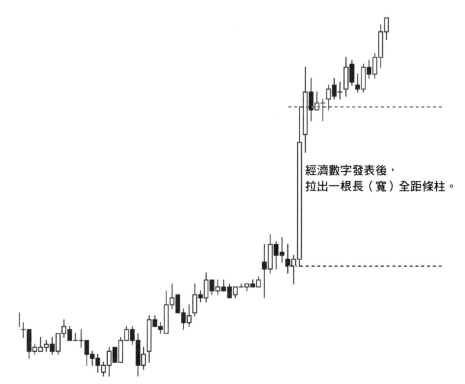

經濟數字發表後，
拉出一根長（寬）全距條柱。

圖 3.4 道瓊期貨 5 分鐘走勢圖：顯示經濟報告發表後，區間擴張的情型

物體愈大，掉落的距離愈長，碰到地面引起的振動愈大。價格動向和這非常像。舉例來說，經濟報告發布或者新聞題材發生，可能導致價格突然上衝或下挫。圖 3.4 顯示一份經濟報告發表後，價格上衝或擴張的情型。天然災害、貨幣貶值和戰爭等震撼，是會對市場造成較大振動影響的極端事件。

價格落在某個區間一段時間之後，脫離那個區間只是時間早晚的問題。許多時候，價格會以趨勢的型式，非常急迫地離開那個區間。（請參閱第 10 章談趨勢）。

圖 3.5 先有一個區間形成，然後價格向下突破區間，而且從拉出的長（寬）全距條柱，可以判斷突破的力道十分堅定。

以圖 3.5 的價格走勢為例來說，價格形成區間時，走勢在收縮，突破低價支撐區則在擴張；它接著開始展現趨勢。我們可以說：強大的振動等於一波趨

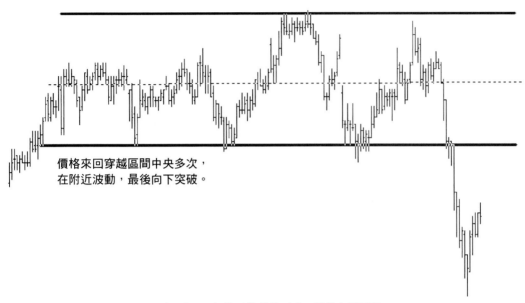

價格來回穿越區間中央多次，
在附近波動，最後向下突破。

圖 3.5 E-mini S&P 500 的 15 分鐘走勢圖：價格以趨勢的型式，脫離交易區間

勢，而比較溫和到比較弱的振動會形成區間。我們也可以把交易區間想成是在蓄積能量。這股能量最後必須往某個方向或另一個方向釋放出來。比較溫和與比較弱的振動通常不會有足夠的力量，所以不足以維持一波趨勢。

我們有可能見到波動增大，造成強大的振動或價格擺盪。在市場參與者來回拉鋸爭戰，直到贏家勝出之前，市場會時而往某個方向走，時而往另一個方向走。一旦贏家（多頭或空頭）控制大局，輸方便會軋平部位，新的參與者會往趨勢方向進場，價格就會以非常強大的振動力量朝那個方向前進。

圖 3.6 顯示多頭和空頭為爭奪方向主導權而激戰，黃金期貨週線圖因此呈現劇烈的波動。由於黃金每漲跌 1 點，等於每口合約 100 美元，所以這是很大的波動。

市場參與者會將程度不等的情感意義，加在價格漲跌上。舉例來說，如果一方（例如多頭）大量加入市場的作多陣營（積極買進），價格就會展現更強大的趨勢或者振動（圖 3.3）。反之，強大的下跌趨勢也是一樣（圖 3.2）。

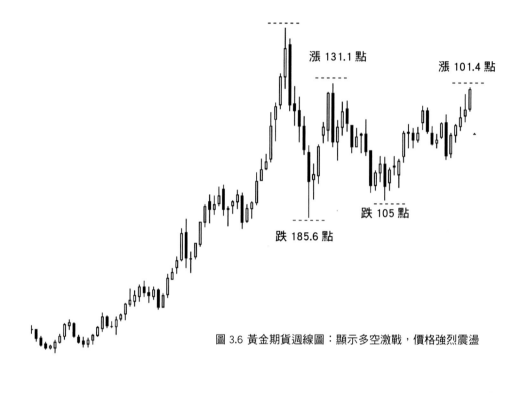

漲 131.1 點

漲 101.4 點

跌 105 點

跌 185.6 點

圖 3.6 黃金期貨週線圖：顯示多空激戰，價格強烈震盪

價格擺盪重複出現

使用本書介紹的圖形，我們發現價格的擺盪或振動，正好呈現我們所說的調和。它們是長度相近、重複性的價格波動，而且能在所有的時間框架看到。圖 3.7 顯示道瓊期貨的 60 分鐘走勢圖。乍看之下，價格波動似乎相當混亂：隨機向上擺盪和向下擺盪。事實上，許多交易人不會在這種外觀的走勢圖中交易。

如果我們在看相同的價格走勢圖時，留意挑出重複性的擺盪波段，馬上就能在一片混亂中理出秩序來。圖 3.8 的直線是利用軟體程式中的畫線工具畫出來的；我們複製那條線，把它丟到價格的擺盪上。我們並沒有改變或調整原始直線的長度；我們只是將它移動到每個重複的價格擺盪波段上。你在圖 3.8看到的是道瓊期貨 60 分鐘價格走勢圖的調和擺盪情型。這清楚說明了這個時間框架的這個市場中，存在重複性的波動。

我們再來多看一些顯示這些重複性波動的走勢圖。圖 3.9 是 IBM 的 15 分鐘走勢圖，呈現重複性的上升擺盪。兩個擺盪形成 AB=CD 圖形，而這是我們

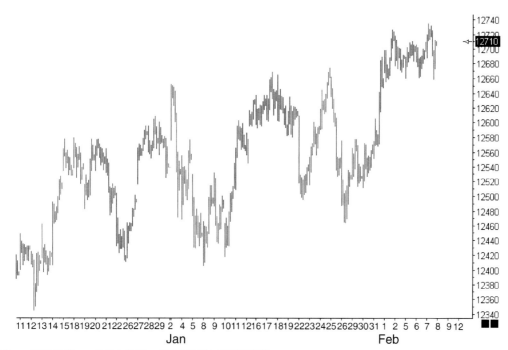

圖 3.7 道瓊期貨 60 分鐘走勢圖：價格擺盪似乎相當隨機

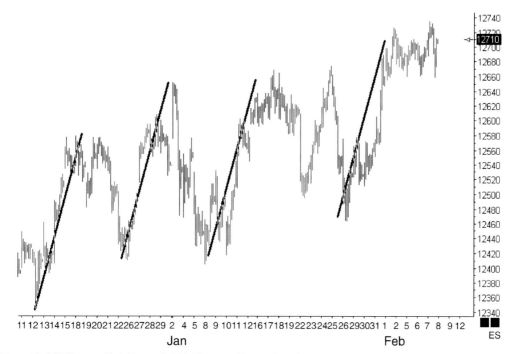

圖 3.8 道瓊期貨 60 分鐘走勢圖：複製直線，以尋找調和擺盪或波段

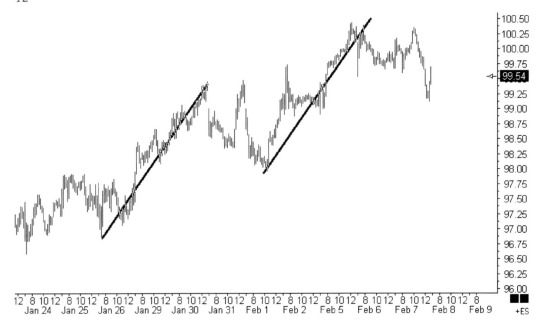

圖 3.9 IBM 15 分鐘走勢圖：顯示調和擺盪形成 AB=CD 圖形

將介紹的第一種圖形（請參閱第 4 章〈 AB=CD 圖形〉）。看到這，你應該能夠開始了解這些調和擺盪或波段的重要性，以及它們將在學習和交易本書所介紹的圖形中所扮演的角色。

下一個例子是圖 3.10，Google 的 30 分鐘時間框架走勢圖。這張圖顯示上漲和下跌的重複性擺盪或者調和波段。仔細看這張走勢圖，你會注意到一組比較小的調和波段，形成這張走勢圖的第二個上升擺盪。這些擺盪同樣形成本書的另一種圖形。（請參閱第 5 章〈賈特利「222」圖形〉）。

本章稍後將以 E-mini S&P 500 告訴你使用調和數和費波納奇比率倍數的一種調和數變型。圖 3.11 中的 E-mini S&P 500 60 分鐘走勢圖以點數顯示調和擺盪，以及擺盪的長度相等。上升擺盪彼此相差不到 2 點，向下的修正性擺盪則相差不到 1 點。

我們注意到圖 3.11 有趣的一點，那就是每一次修正性下降擺盪都和 .618 的折返水準有關。它們都從擺盪的低點到高點折返 .618。你會想學會利用調和數、費波納奇比率和圖形，找到好幾個支撐區和阻力區。有時你可能在某個圖形快要完成的一個價格水準，發現有好幾個費波納奇比率，而如果你也研究調和數，或許也會發現它們同時存在。

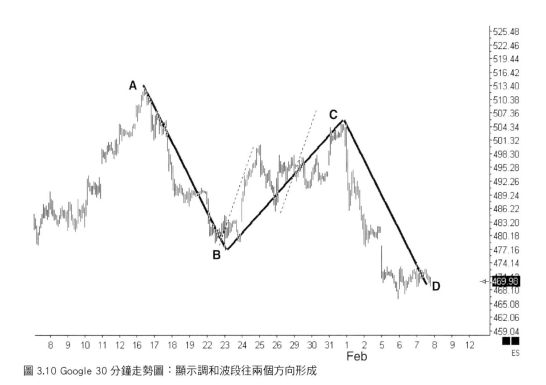

圖 3.10 Google 30 分鐘走勢圖：顯示調和波段往兩個方向形成

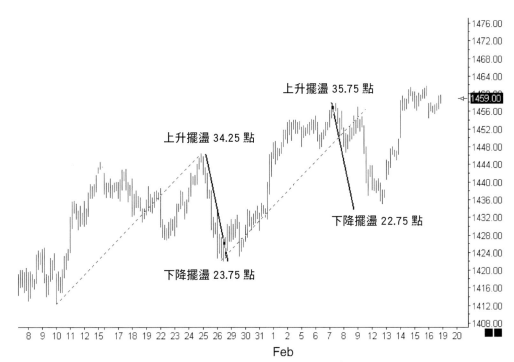

圖 3.11 E-mini S&P 500 的 60 分鐘走勢圖：以波動點數顯示調和擺盪或波段

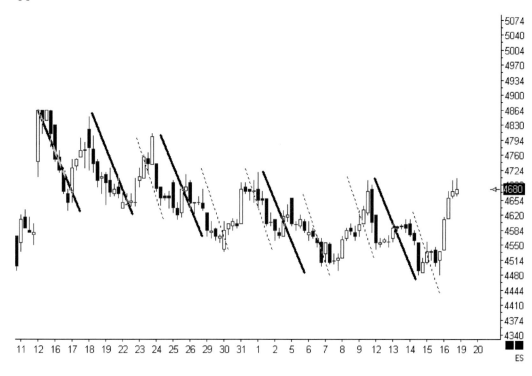

圖 3.12 小麥期貨 60 分鐘走勢圖：顯示價格重複波動、振動和較大的調和擺盪中有較小的調和擺盪

圖 3.12 是包括振動和重複在內，很容易辨識的調和數。這張小麥期貨走勢圖中的虛線顯示較大的調和擺盪或波段中有較小的調和擺盪。一個波段可以分成兩或多個調和波段，並且構成較大的調和波段，並非不常見。

尋找調和數

要找到一檔股票或一個市場中的調和數或振動數並不難。你可以利用一再出現的長度或者點數，找到共同的波段。也就是說，你要找到那檔股票或那個市場中，最為共同的重複性擺盪。不管你是根據 5 分鐘、15 分鐘，還是 30 分鐘走勢圖等特定的時間框架在交易（你交易哪個時間框架都沒關係），都會想找到那個時間框架中的重複擺盪。

以 30 分鐘走勢圖為例來說，找到調和數的最簡單方法，是尋找和標記（例如利用畫線工具）最為共同或一再重複的擺盪。你也可以列印走勢圖，然後親手把波段畫出來。我們覺得，用手去做這種事情，和大腦的連結會更好，並且有助於訓練眼睛找到這些波段。

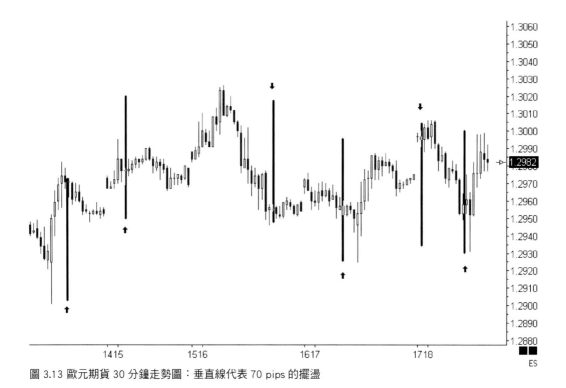

圖 3.13 歐元期貨 30 分鐘走勢圖：垂直線代表 70 pips 的擺盪

在圖 3.13 的歐元 30 分鐘走勢圖中，有個約 70 個價格興趣點（price interest point；pip，指價格波動的最小單位。歐元的一個 pip 等於 12.50 美元）的共同擺盪（調和數）。圖中每一條垂直線各代表 70 pips（走勢圖上的箭頭指那條直線是上升擺盪，還是下降擺盪）。你可以看到有些擺盪幾乎絲毫不差，有些則只是稍微有點出入，但在那個市場仍然接近 70 pips 的調和擺盪。務請記住：價格擺盪不會總是剛好等於某個確切的數字。不妨把這些數字想成是價格往那邊走的區域或區塊。

研究歐元這樣的擺盪至少 100 張走勢圖之後，你會發現這些擺盪是以 .618、.786、1.272 或 1.618 的擴張或收縮數字，和這個 70 pips 的調和數產生關係。歐元走勢圖會經常看到這個調和數的一半，也就是 35 pips，就像小麥走勢圖（圖 3.12）很容易看到調和數的一半。

S&P 500 的調和數
以下是我們在 S&P 500 市場使用的調和數：
- 5.4 點　一這個市場的主調和數。

- 6.85 點 —利用 5.4 x 1.272 算出來。
- 8.7 點 —利用 1.618 x 5.4 算出來。

除此之外，接著要看主調和數的倍數，如 10.8 和更大的調和數：
- 10.8 點 —利用 5.4 x 2 算出來（兩個調和數）。
- 16.2 點 —利用 5.4 x 3 算出來（三個調和數）。
- 21.6 點 —利用 5.4 x 4 算出來（四個調和數）。

如你猜想的：較小的調和數是收縮，較大調和數是擴張。價格超過 10.8 的調和數，通常呈現趨勢模態，且能在盤中擴張到 16.2 到 21.6 的區間或更高。

當市場處於趨勢模態（請參閱第 10 章談 S&P 500 市場的趨勢辨識），一般來說，修正將落在 1.75 點到 5 點的區間中。我們在這些趨勢日中，見到的共同收縮之一是 3.5 點，而這是調和數 5.4 乘以 .618。在強勁的趨勢日中，我們見到的是修正 1.75 點到 2.5 點，而這是 5.4、3.5 的平方根；5.4 的平方根是 2.32，3.5 的平方根是 1.87。你必須留意你交易的市場正處於什麼模態—區間交易日（收縮）或趨勢模態日（擴張）。

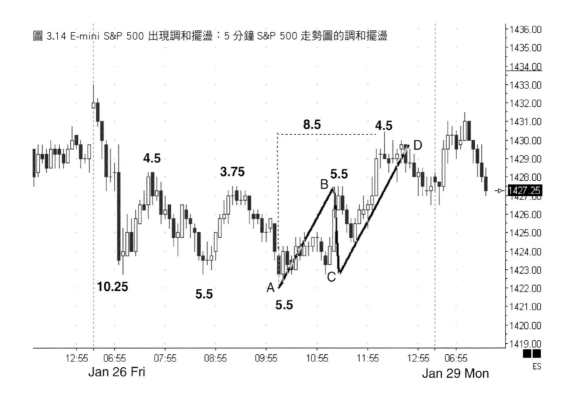

圖 3.14 E-mini S&P 500 出現調和擺盪：5 分鐘 S&P 500 走勢圖的調和擺盪

圖 3.14 這個 S&P 500 的 5 分鐘走勢圖，是個絕佳的例子，出現了使用我們所說的調和數的共同擺盪。你可以很容易看到每個擺盪如何落在調和區間中，以及所呈現的重複性波動。觀察圖 3.14 的虛線區，你會看到那個擺盪第一條上漲的邊是 5.5 點的擺盪；接著是 4.5 點的擺盪。整條邊是 8.5 點，擺盪的低點在 1422，高點在 1430.50。

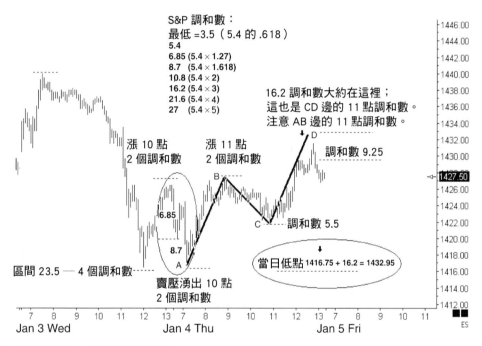

圖 3.15：短短兩天內，調和數的區間很大

S&P 500 另一個調和擺盪的例子如圖 3.15 所示。這個例子中，我們看到短短兩天之內，出現區間很大的調和數。我們見到修正性向上走勢形成 AB=CD 賣出圖形。（請參閱第 4 章〈AB=CD 圖形〉。）當我們看到使用調和數形成的這種圖形，也會想要結合費波納奇比率，協助我們找到額外的支撐區或阻力區。本例中為阻力區。

如圖 3.16 所示，完成的修正圖形非常接近調和數 16.2（相差在 1.25 點內），落在 .618 的水準。結合這兩個阻力水準——調和數和 .618 的費波納奇折返水準——我們能夠決定這種格局的進場點和停損點。

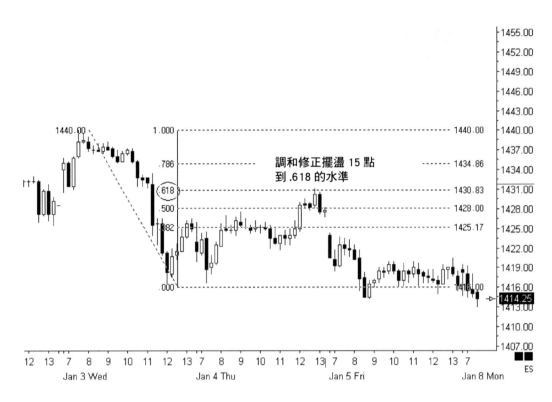

圖 3.16 E-mini S&P 500 15 分鐘走勢圖：結合費波納奇比率和調和數

有必要再說一遍：我們並沒有試著尋找一絲不差的確切調和數，好進行交易。我們是用區間、價格區，以及支撐或阻力的共同區來操作。我們配合圖形和費波納奇比率，使用調和數作為工具。

使用擴張調和數的時機

由於調和數會重複出現，也是市場中振動的一部分，而且我們知道價格不會永遠落在一個區間中，所以在我們見到走勢擴張時，必須觀察發生的事情，注意調和數的倍數。實務經驗告訴我們，一旦市場超越它的主調和數，那個市場或那檔股票可能就會見到那個調和數的二到三倍，有時更多。這和甘恩研究的一個概念有關，那就是超衡（overbalancing）的概念。當價格和時間超出正常的修正走勢，主趨勢很有可能改變了。這也許先在較低的時間框架上見到，然後當價格繼續反轉，則會出現在較長期的時間框架中。

使用 3% 準則去尋找調和數和實務上的應用

要尋找某檔股票或某個市場的調和數，另一個方法是以股票、商品或貨幣價值的 3% 為準。以 IBM 為例來說（見圖 3.17），第一個波段顯示高點在 99.48 美元。3% 的調和數是約 2.98 美元（可以四捨五入到數美分）。市場實際上折返那個調和數的大約一半或 1.52 美元。我們可以在拉回買進的交易中，用 2.98 美元去下停損單。相反的，如果在那個高點放空，2.98 美元也可用於下停損單。

圖 3.17 標記 #2 的區域，有個調和數是使用每股 100.44 美元的 3%，大約是 3.00 美元。我們接著尋找每股 3.00 美元左右的拉回走勢。這塊區域可以作為在波段高點放空的獲利目標區。

圖 3.17 也顯示在調和數區形成的一個 AB=CD 圖形（請參閱第 4 章〈AB=CD 圖形〉）。這同樣結合兩個元素：調和數和圖形。交易人如果作多，可以使用 3.00 美元的調和數下停損單。

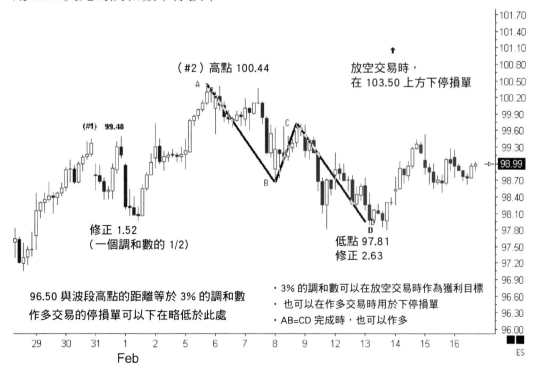

圖 3.17 IBM 60 分鐘走勢圖：使用調和數下停損單和啟動交易

我們來探討圖 3.17 中調和數的不同應用：

- 如果交易人在接近波段高點的地方放空，他們可以在稍微超過每股 3.00 美元（3%）調和數的地方下停損單。
- 從高點向下投射調和數，可以作為放空交易的獲利目標。
- AB=CD 的圖形完成時（也是在 3.00 美元的調和數那裡），可以作多。
- 本例中，可以使用 3.00 美元的調和數，在作多時下停損單。

以調和數作為指導準則，應該能幫助你幾件事：

- 它們可以協助你了解特定市場的節奏和價格擺盪。
- 它們應該會協助你設定停損點，將一筆交易的風險降低到可管理的水準，並且吻合具體的資金管理指導準則。（請參閱第 11 章〈交易管理〉。）
- 你會留意交易格局的組合和不同的元素，例如可以啟動交易格局和用於設定獲利目標的調和數、費波納奇比率與圖形。

最後，調和數是形成本書所介紹許多圖形不可或缺的部分。

其他市場中發現的調和數

以下是在其他市場中發現的一些調和數：

- 債券市場——20 檔（ticks）。
- 原油——44 和 88。
- 道瓊——35、105 和 70。
- 歐元市場——35 和 70。
- 黃金市場——11 和 17。
- 白銀市場——18、36 和 12。
- 小麥——11 和 17。
- 黃豆——18 和 36。

請在走勢強勁的市場中使用這些數字的倍數。務請記住：視市場是收縮或是擴張而定，你會在價格的擺盪中發現這些數字的不同變化。5 分鐘走勢圖的調和數，可能有別於 30 分鐘走勢圖。但是它們會有百分率上的關係。5 分鐘走勢圖等較小時間框架的調和數，可能是較大調和數的一半或 .618。

學習圖形操作的唯一方法，是為自己觀察這些數字。如果你每天追蹤任何市場的 5、15 或 30 分鐘走勢圖的擺盪，並且保存紀錄，你會開始看到經常出現的重複波動。如果你在 30 天內做這件事，你會看到那段期間出現的幾乎每一種圖形：上漲、下跌和橫盤移動、收縮和擴張。你也會看到調和數展開的理論，以及它們和費波納奇累加數列的關係。

慢慢讀下去，你會看到：基本幾何形狀、費波納奇比率和調和數，是第 4 到第 10 章所探討圖形的基礎。

【實戰心法】
要找到一檔股票或一個市場中的調和數或振動數並不難。你可以利用一再出現的長度或者點數，找到共同的波段。也就是說，你要找到那檔股票或那個市場中，最為共同的重複性擺盪。

【投資小叮嚀】
趨勢中的上升趨勢，可以定義為高點愈來愈高，低點也愈來愈高，下跌趨勢則是高點愈來愈低，低點也愈來愈低。
A trend can be defined as higher highs and higher lows for an uptrend, and lower highs and lower lows for a downtrend.

第 2 篇

價格圖形與如何
交易它們

第 4 章

AB=CD 圖形

AB=CD 圖形是技術面分析中最基本和最簡單的圖形之一。本章教你認識這種圖形的結構,並用實際的走勢圖為例,從交易的角度來教你。

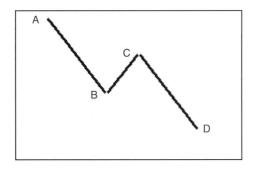

在交易上,我們聽人說過許多次,說我們研究、學習和交易使用的方法,本質上要很簡單。AB=CD 圖形是技術面分析中最基本和最簡單的圖形之一。如果交易人肯花時間學習這種圖形和它的變化,這樣的時間投資很值得。

本章要教你認識這種圖形的結構,並用實際的走勢圖為例,從交易的角度來教你。後面的章節會告訴你,這個簡單的圖形如何也會在賈特利「222」圖形、蝴蝶圖形、三衝圖形,以及一些典型的技術面分析圖形中形成。

AB=CD 圖形史

1935 年，有本書出版，以令人難以置信的價格 1,500 美元賣給投資人。那就是賈特利寫的《在股票市場中投資獲利》。他在第 249 頁「趨勢線的實務應用」一節中，描述一種走勢圖形，就是我們現在所說的 AB=CD 圖形。（請參閱圖 4.1。）

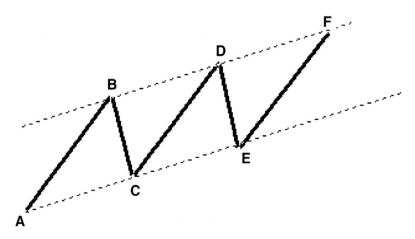

圖 4.1 賈特利寫的《在股票市場中投資獲利》（1935 年）一書介紹的平行趨勢線走勢圖
資料來源：Lambert Gann Publishing. P.O. Box 0, Pomeroy, WA 99347.www.wdgann.com。

這種圖形出現在法蘭克 · 塔布斯（Frank Tubbs）的另一個研究中。塔布斯 1950 年代開辦一套函授課程，稱作《塔布斯股票市場課程》（The Frank Tubbs Stock Market Course）。這套課程是以賈特利在 1935 年的書中解釋的圖形為基礎。

塔布斯在描述這個圖形時，使用 1920 年代和 1930 年代的許多走勢圖，並將他的研究往前推進到 1950 年代，驗證這個經典圖形的確可行。查理斯 · 林賽（Charles Lindsay）也在 1976 年寫的《三叉戟：交易策略》（Trident: A Trading Strategy）使用這個圖形。林賽將趨勢分為微、小、中、大。他指出，所有的走勢圖和所有的時間框架都能明顯看到平行的價格擺盪。他描述的系統和賈特利的圖形相同。林賽將他的圖形標示為 P1、P2、P3 和 P4，和 A、B、C 和 D 沒有兩樣。

林賽確定有 AB=CD 圖形存在，並把它寫成公式，算出圖形的完成目標為 D
（P4），所以公式是：

$$P4 = \frac{P2 + P3}{P1}$$

這就等於：

$$D = \frac{B + C}{A}$$

他接著提出一條公式，說 P3 應該是 P1 相對於 P2 的 .625。這相當於 BC 邊
從 AB 波段折返 .618（見圖 4.2）。他以 P1 或第一條邊的 25% 為風險因素。

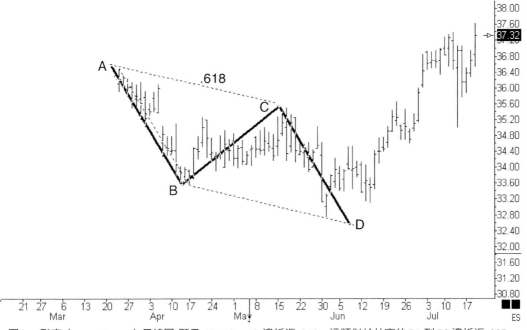

圖 4.2 默克（Merck；MRK）日線圖 顯示 AB=CD，AB 邊折返 .618。這類似於林賽的 P1 到 P2 邊折返 .625。

AB=CD 圖形說明

賈特利解釋 AB=CD 圖形時，談到市場如何在上升趨勢上漲，然後折返，接
著反彈到另一個上升趨勢，然後再次折返，形成斜率向上的平行通道。由於
這段描述，AB=CD 圖形被人稱為閃電（見圖 4.1）。

賈特利用好幾頁的篇幅，說這些趨勢線和平行線如果配合其他的工具一起使用，會是絕佳的訊號。他也將這些線用在價格比率上。他主要利用三分之一和一半的比率估計折返水準。

AB=CD 圖形結構

AB=CD 圖形可以在所有的市場和所有的時間框架中看到。這個圖形是賈特利買進和賣出圖形（第 5 章將討論）的基礎。它也是蝴蝶圖形（第 6 章）必有的部分，也構成三衝圖形（第 7 章）的一部分。這個圖形是有節制的波動，CD 邊的長度和 AB 邊相近。但我們要指出，CD 邊可以延伸，不會總是剛好等於 AB 邊；這將在本章稍後的「AB=CD 圖形的重要特徵」一節討論。圖 4.3 顯示基本的 AB=CD 買進與賣出圖形形狀。

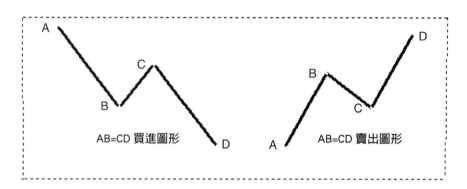

圖 4.3a AB=CD 圖形的基本結構：顯示買進和賣出圖形的「閃電」形狀

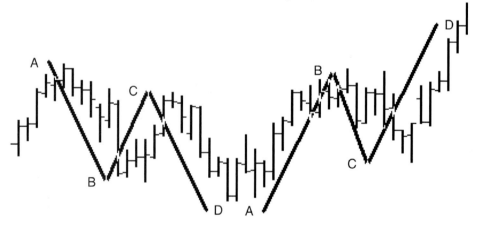

圖 4.3b E-mini S&P 500 價格走勢圖的 AB=CD 買進與賣出圖形

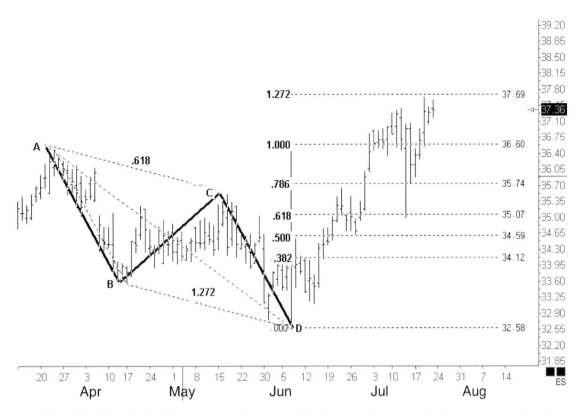

圖 4.4 默克（MRK）日線圖　顯示 AB=CD 圖形已經完成，從這個完成的圖形，可以看出 AD 波段的折返，幾乎包括我們使用的所有主要費波納奇水準。

有三條邊構成這個圖形（見圖 4.4）。第一條邊標示為 AB。第一條邊走完之後，價格會折返或修正，而且通常會在一個費波納奇水準找到支撐或遇到阻力：.382、.50、.618 或 .786。這個修正或折返標示為 BC，也是圖形的第二條邊。（註：趨勢強勁的市場通常只會折返到 .382 的水準。請參閱本章稍後「斜度與時間框架」一節中提到的走勢圖，有在 .382 水準淺層折返的例子）。

當價格恢復和 AB 邊相同的方向，CD 邊接著開始形成。一旦我們確定 CD 邊正在形成，就能預估潛在的完成圖形，並且設計適當的交易策略。在 CD 邊形成和完成之際，我們會監測最後一邊，留意是否發出任何警告訊號，提醒我們市場狀況就要改變，告訴我們是要縮手不交易，還是等候進一步確認，才進場交易。第 11 章〈交易管理〉會更詳細談到這一點。一旦價格超越 B，我們便假設價格會在 D 點完成圖形。研究這個圖形時，知道什麼事情會

使圖形失效,是很重要的一件事。有三件事會使 AB=CD 圖形失效:

1. BC 不能超過 AB 邊,意思是說 AB 的折返不能超過 1.00。
2. BC 可以是 AB 邊折返 1.00;這是罕見的圖形,稱作雙重頂或雙重底,但這是有效的圖形。
3. D 必須超過 B,圖形才能在 D 點完成而形成有效的 AB=CD 圖形。圖 4.5 是個例子。

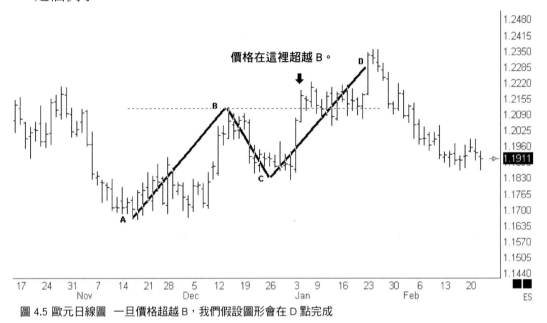

圖 4.5 歐元日線圖　一旦價格超越 B,我們假設圖形會在 D 點完成

AB=CD 圖形的重要特徵

大約 40% 的時候,AB=CD 圖形會完全對稱,也就是 AB 等於 CD。其他 60% 的時候,會看到這個圖形的變型。這表示在 AB 邊形成和折返邊 BC 完成後,CD 邊將不同於 AB 邊。這兩條邊可能完全對稱,也可能不完全對稱。CD 邊不同於 AB 邊的一些方式有:

- CD 邊是 AB 邊延長 1.27 到 2.00(或更大)。圖 4.6 是個例子。
- CD 邊的斜度或角度比 AB 邊要陡或寬。

這種變型乍看之下,可能令交易人認為這種圖形不可交易。關鍵在於確認 BC 邊。最重要的事,是觀察 C 點形成後的價格走勢。你將在本章見到的許多例子,會顯示 CD 邊決定了它與 AB 邊的關係。

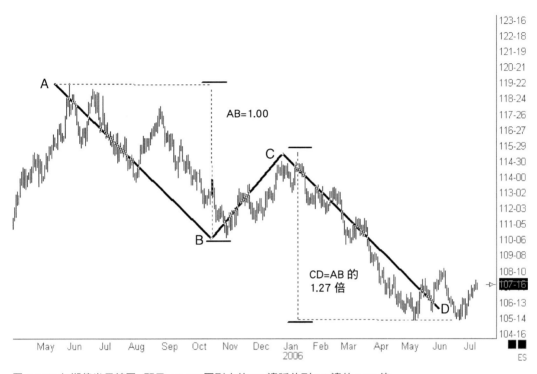

圖 4.6 30 年期債券日線圖 顯示 AB=CD 圖形中的 CD 邊延伸到 AB 邊的 1.27 倍

CD 邊的變型

這些 CD 邊現象可以用四種方式來描述：

1. 如果 C 點出現後，往 D 點的方向跳空，通常表示 CD 會遠比 AB 邊長——達 1.272、1.618 或更多。圖 4.7 就是這樣一個例子。

2. C 點拉出寬全距條柱（達正常大小的兩倍），是 CD 邊可能延伸的另一個預兆。圖 4.8 是個例子。

3. 理想情況下，AB=CD 波動在價格和時間上是對稱的。例如，如果 AB 邊有 6 根條柱向上，那麼 CD 邊將有 6 根向上的條柱。圖 4.9 是這樣的例子。

4. 如圖 4.10 所示，形成兩條邊的時間是對稱的。

下面這句話非常重要：如果 CD 邊只以幾根條柱就形成，這強烈預示 CD 邊將比 AB 邊延伸得更長。圖 4.11 便是這樣的例子。

圖 4.7 EOG 資源（EOG Resources；EOG）日線圖　典型的 AB=CD 圖形，C 點出現跳空，走勢急速向下傾斜到 D 點，表示 CD 邊會延長。

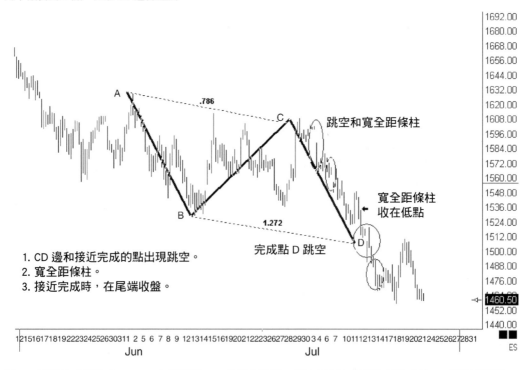

圖 4.8 那斯達克期貨（NASDAQ）的這張 120 分鐘走勢圖，發出了所有的警告訊號（第 11 章將討論警告訊號）。注意 CD 邊的長條柱剛開始向下走。這提醒交易人要注意 CD 邊可能會延長到 AB 邊的 1.272、1.618，或更高的倍數。

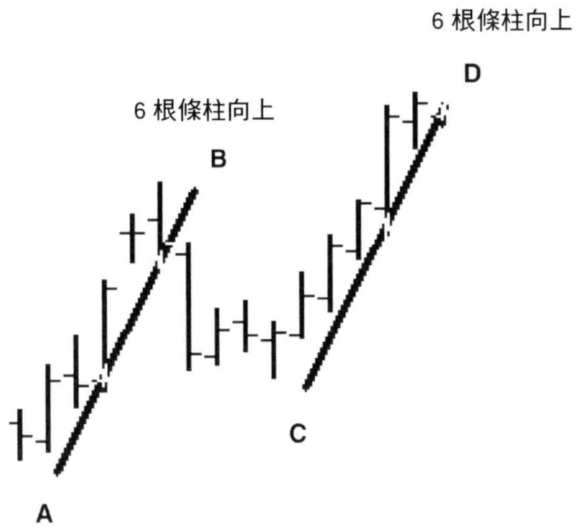

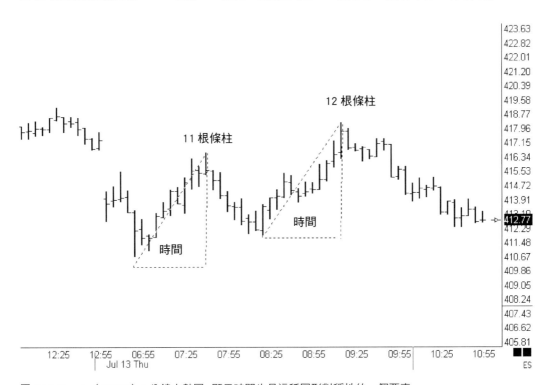

圖 4.9 歐元日線圖顯示的 AB=CD 圖形　AB 邊有 6 根條柱向上，CD 邊也有 6 根條柱向上，非常對稱。

圖 4.10 Google（GOOG）5 分鐘走勢圖　顯示時間也是這種圖形對稱性的一個要素

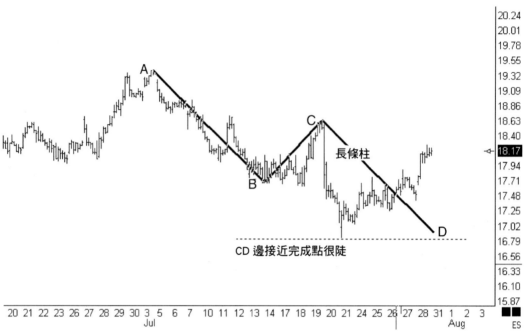

圖 4.11 英特爾（Intel；INTC）日線圖　此圖中從 C 轉折點拉出一條很長的條柱，預示 CD 邊會延長，長於 AB 邊。

舉例來說明這個衝刺原理。設想跑道上有兩輛法拉利（Ferrari）跑車，一輛用柴油燃料，另一輛用高科技汽油。我們很容易理解以高科技汽油為動力的法拉利會先衝到終點線。看看這條 CD 邊，如果它開動時的速度很快，那麼跑得比較快的這輛法拉利就會更快衝到更遠的地方。

斜度與時間框架

BC 波動的斜度或時間框架，也有助於確定圖形。BC 邊通常會修正到費波納奇比率之一：.382、.50、.618 或 .786。這條 BC 邊的斜度，通常是下一條 CD 邊會是什麼樣子的好指標。例如，假設 AB 邊用了 15 根交易條柱到達 B 點，現在 BC 邊拉出 8 根條柱，但只折近 AB 邊的 .382。這是市場在高價吸收大量賣盤的跡象；所以這是個淺層折返，價格無力折返到 .50、.618 或 .786。我們會假設：一旦賣壓減緩，價格會漲得高出許多，而且速度可能相當迅速。但如果市場折返 .618 或 .786，CD 邊很有可能正常波動，最後出現 AB=CD 的圖形。

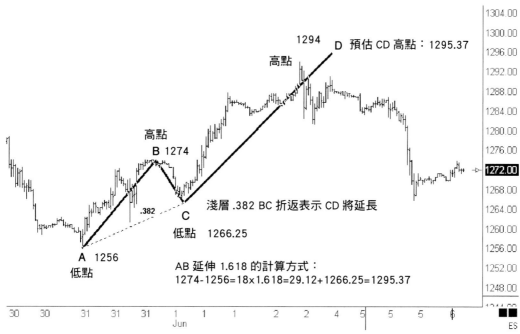

圖 4.12 E-mini S&P 500 的 30 分鐘走勢圖　1.618 延伸段的計算方式，是取 AB 邊高點和低點之差，乘以 1.618，然後與 C 的低點相加（或者從 C 的高點減去）。

要計算 CD 邊的延伸段，先算出 A 和 B 之差，乘 1.272 或 1.618；所得數字和 C 的低點相加（或從高點減去）。圖 4.12 中，尋找 1.618 預估點的計算步驟如下：

- B = 1274 – A = 1256 = 18 點
- 18 點 x 1.618 = 29.12
- 與 C 的低點相加：1266.25 + 29.12 = 1295.37
  （如想要計算 1.272 或其他任何延伸數字，只要用那數字替代 1.618 就行。）

AB=CD 圖形中的時間條柱數目，通常從 5 ～ 8 根不等。當 CD 邊在上升或下跌走勢中，延伸到超過 8 根條柱，價格便有可能延伸，CD 會是 AB 波段的 1.272、1.618 或者更高的倍數。

本章的例子給了我們研究這類圖形很好的參考點。但是讀者務必謹記在心：這些圖形只是機率而已；並非一定這麼走，而且，如果對它們缺乏扎實的理解，同時沒有運用穩健的資金管理策略，便貿然使用這些圖形，那和交易自殺沒有兩樣。

AB=CD 圖形的心理學

典型的群眾心理學也形成 AB=CD 圖形的各條邊。導致市場上漲和下跌的機制有二——買家比較多，還是賣家比較多；這是終極的貪婪晴雨錶。由於恐懼是比貪婪更強的情緒，所以市場下跌的速度往往比上漲的速度要快。

任何交投熱絡的市場，價格走勢可以分為三個步驟：

1. 上漲。
2. 下跌。
3. 橫向波動。

AB=CD 圖形在一個簡單的幾何形狀中，包含全部這三個波動。它的交易價值來自它的重複性。它衡量買氣和賣盤的高潮。

以 AB=CD 賣出圖形為例來說（請回頭參閱圖 4.5），當價格開始在 AB 邊上漲，它會引起想要盡早進場的人產生興趣。早進場買進的人可能是共同基金、養老金等擁有龐大資金的機構。隨著價格繼續上漲，投機客可能注意到漲勢，並且陸續加入，導致價格在 AB 邊進一步上揚。接近 AB 邊的頭部時，個別投資人（也就是一般大眾）可能開始買進，不想錯過這波走勢。這檔個股或者這個市場可能引來一些新聞報導，進一步吸引人們注意到價格漲勢。這個時候通常接近第一條邊的尾聲。第一條邊一旦完成，會有一些獲利了結賣盤殺出，價格開始下跌。在這條邊頭部附近買進的人，現在發生虧損，若干恐懼油然而生，導致賣壓加重。

隨著價格跌向費波納奇折返水準，原本可能錯過第一波漲勢的人，開始逢低承接。機構投資人可能加碼操作，投機客也可能介入，在較高的低點買進，而給價格提供支撐力道。賣壓消退，在更多的新買家買進那檔股票或者進入那個市場之後，價格找到支撐，開始恢復漲勢（CD 邊）。這個時候，在 AB 邊頭部附近買進的一些投資人，由於價格從 BC 邊折返他們的損益兩平點，虧損縮減，可能賣出解套。另外有些人錯過了在 AB 邊頭部附近獲利了結出場，現在面對價格再度接近那些水準時落袋為安。

CD 邊現在開始重複出現買家週期，而且隨著價格進一步上漲，發現自己賣

得太早的一些人，可能再度進場。新一波買盤（或賣盤）激增，將價格一舉推過 B 點，然後在 D 完成圖形。

交易 AB=CD 圖形

任何時間框架都可以看到並且交易 AB=CD 圖形。我們將舉一些例子，說明我們如何交易這種圖形，包括獲利和虧損交易的例子。我們準備說明交易走勢圖的一些例子，以及可以用到每一筆交易的交易管理方式；個別交易人最後需要運用思慮周密和審慎研究過的交易計畫（見第 13 章〈擬定交易計畫〉）。

我們以期貨或商品市場交易中的兩口合約為例，說明如何分兩批減碼操作，也提出使用一個出場點的替代交易管理為例。股票的例子是用 200 股來說明分兩批出場的方式。

交易格局 #1：AB=CD 賣出圖形
市場：E-mini S&P 500
合約數：2 口

圖 4.13 所示的交易中，E-mini S&P 500 市場完成了走勢完美的 AB=CD 賣出圖形。這次的進場操作，會在完成點 D 下方不遠處的 1286 左右使用限價單進場放空。委託單一執行，便在進場點上方 5 點處下停損買單。這個例子中，停損買單下在 1291。

第一個出場點訂在 AD 波段的 .618 折返處。我們遮蔽（shade）出場單，意思是說，把委託單下在略高於或略低於實際出場點約 .50 到 1 點的水準，以確保能夠成交，就像我們下進場單那樣。我們把出場單下在 1279.50，略高於 .618 的折返水準。市場偶爾可能就剛好落在這個交易價格，而不是穿越它，但如何處理這些情況，由個別交易人自行裁量。我們寧可在交易價格落到出場點時出場，即使因此少賺一些利潤。我們不希望賺錢的交易變成賠錢的交易。

無風險交易　一旦第一次出場實現了利潤，停損單就要移動到損益兩平點。

這可以完成兩件非常重要的事：
1. 減低交易的風險。
2. 獲利落袋。

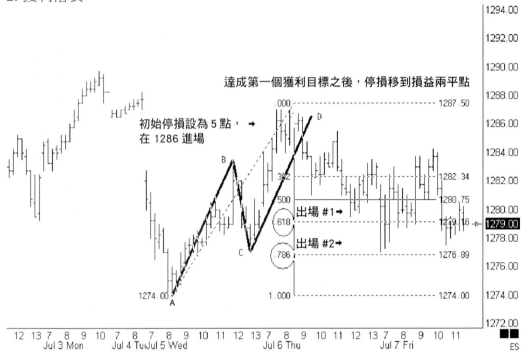

圖 4.13 這是 E-mini S&P 500 走勢完美的 AB=CD 賣出圖形當日沖銷交易。市場幾乎正好在 D 完成後止漲下跌（15 分鐘走勢圖）。

這筆交易執行到這個時點，我們有 6.5 點的利潤，而且停損單已經移到損益兩平點。我們的第二個獲利目標訂在從 A-D 波段折返 .786 的水準。我們下了限價單，在略高於 .786 折返水準的 1277.25 處，第二口合約出場。第二個獲利目標一達成，我們就取消停損單。第二口合約的淨利為 8.75 點，總利潤為 15.25 點。

替代交易管理 前面說過，管理交易的方法有許多。在這個特別的例子中，交易人可以選擇在最初的 .618 獲利目標軋平二口合約。在這種情況下，交易人淨賺 +13 點。由於最初承受 5 點的風險，總風險共 10 點，所以這是絕對可以接受的交易管理方式。如果在達成了第一個獲利目標之後，這筆交易

停損出場，那麼交易人淨賺 +6.5 點。我們發現，有利潤可以落袋時，最好獲利了結，不用擔心在你達到獲利目標之後，市場會怎麼走。務必牢記：你交易是為了獲利。我們交易時，兩個出場方法都用。實際上到底使用哪種方法，取決於當時的市場情況。

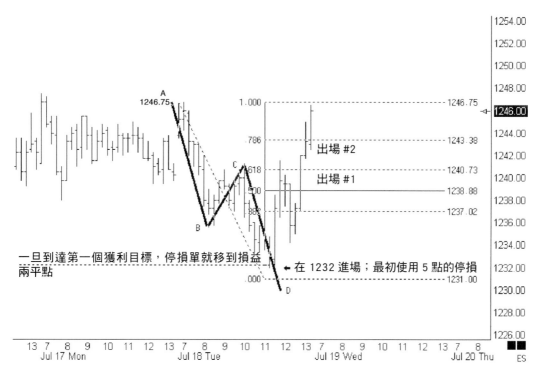

圖 4.14 E-mini S&P 500 的 15 分鐘走勢圖　顯示 AB=CD 買進圖形交易，我們在略高於實際完成點的上方遮蔽委託單，絕對有助於進場交易。

交易格局 #2：AB=CD 買進圖形
市場：E-mini S&P 500
合約數：2 口

圖 4.14 所示的 E-mini S&P 500 買進圖形格局，是說明為什麼我們需要遮蔽委託單以確保成交的很好例子。這筆交易的進場點訂在 1232。委託單成交後，起初設定 5 點的賣出停損。第一個目標在兩個時間條柱內輕易達成。你可以在走勢圖上看到從進場點向上拉出的長條柱；這表示價格將折返 .618 的水準。一達到第一個獲利目標，停損點就移到損益兩平點，以保護獲利和

使我們的交易變得無風險。第二個獲利目標是在 .786 的折返水準。一旦達到第二個獲利目標,就取消停損單和結束交易。這筆交易會使交易人獲得19 點的淨利。

替代交易管理　在 .618 的水準完全出場,對這筆交易的管理來說,絕對可接受。這會使交易人獲得 16 點的淨利。

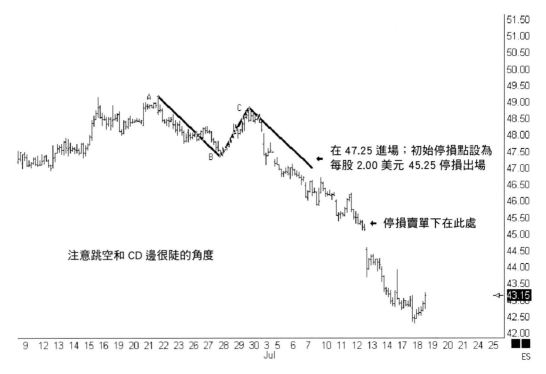

圖 4.15 沃爾瑪(Wal-Mart;WMT)60 分鐘走勢圖　這筆 AB=CD 買進圖形交易點出非常重要的一點:務必使用停損單。

交易格局 #3:60 分鐘失敗的 AB=CD 買進圖形
市場:沃爾瑪(Wal-Mart;WMT)股票
股數:200 股

失敗的 AB=CD 買進圖形如圖 4.15 所示。從這張走勢圖可以看出,價格出

現跳空，CD 邊也以很陡的角度向下走，直到完成點。交易人遲早會發現他們處於跳空的狀況，對他們的部位不利。第一筆損失通常是最好的損失，而且交易人永遠必須使用停損單。你設定的停損點，是幸運的出場點。如果向下跳空出現時，你的部位還沒軋平，那麼停損點可以設在當天立即性低點的下方不遠處，以確保不再產生更多的損失，然後在第一次反彈時出場，軋平交易。（參考圖 4.15，觀察如何為這種交易設停損點。）這個例子是用 2.00 美元為停損金額，交易人停損出場時，200 股會損失 400 美元。

使用停損單是優良交易和資金管理不可或缺的一環。我們永遠不知道哪筆交易會賺或賠，控制好風險才能讓我們有機會繼續做下一筆交易。

【實戰心法】
當價格恢復和 AB 邊相同的方向，CD 邊接著開始形成。一旦我們確定 CD 邊正在形成，就能預估潛在的完成圖形，並且設計適當的交易策略。在 CD 邊形成和完成之際，我們會監測最後一邊，留意是否發出任何警告訊號，提醒我們市場狀況就要改變，告訴我們是要縮手不交易，還是等候進一步確認，才進場交易。

【投資小叮嚀】
我們發現，有利潤可以落袋時，最好獲利了結，不用擔心在你達到獲利目標之後，市場會怎麼走。務必牢記：你交易是為了獲利。
We have found that it is best to take profits when available and not worry about what the market does after you have reached your profit objectives. Always keep in mind that you are trading to make profits.

第 5 章

賈特利「222」圖形

賈特利「222」圖形在風險極小的情況下，可協助交易人很早就抓到可能是較長期趨勢反轉走勢的進場點。

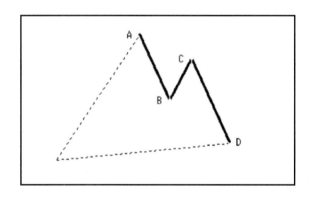

賈特利「222」圖形（Gartley "222" Pattern）絕對是一種典型的折返圖形。它在風險極小的情況下，讓交易人很早就抓到可能是較長期趨勢反轉走勢的進場點。對於短線的當日沖銷交易人來說，這個圖形可以有效地用於盤中高點和低點的買進與賣出測試。據說賈特利在新的空頭或多頭市場中的第一個 AB=CD 圖形就買進或賣出，而這正是我們利用這個圖形，在已經確立的趨勢中進場，能夠做到的事。這個圖形出現之後，可能不見得總是有大反轉，但即便如此，交易人運用良好的交易管理技巧，還是能夠獲利（假設這個圖形不是失敗圖形）。

賈特利「222」圖形史

賈特利「222」圖形一詞，來自賈特利所著《在股票市場中投資獲利》一書的頁碼。在那之後，很多人寫書談賈特利「222」圖形，也有不少畫圖軟體用到這種圖形。少尉軟體（Ensign Software）率先在它的畫圖軟體中，以數學的方式提供這種圖形，可用於任何交投熱絡的股票、商品或期貨市場。

賈特利寫的書將近 500 頁，其中以第 221 和 222 頁最為重要。他在這裡說明這個圖形，而且描述得比書內其他任何圖形要詳細。賈特利稱之為最好的交易機會之一。這個賈特利圖形最精彩的部分，隱藏在第 222 頁的圖 27 中，我們轉載如圖 5.1 所示。

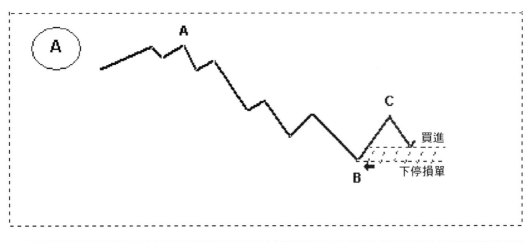

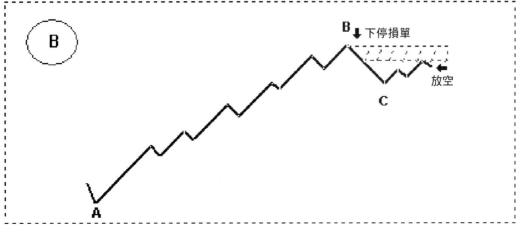

圖 5.1 轉載自賈特利所著《在股票市場中投資獲利》一書中的圖 27。
資料來源：H.M. Gartley, Profits in the Stock market (Pomeroy, WA: Lambert-Gann Publishing, 1935)

讀這兩頁的最大挑戰，是試著解讀針對圖形所作的解說，因為作者說明得不如我們期待的那樣清楚。賈特利沒有解釋我們今天使用的這個圖形。我們想到的最大問題，是賈特利書中圖 27 兩個圖形之間的差異。標示 A 的圖顯示下降趨勢的簡單折返走勢，但如果你仔細看標示 B 的圖，它顯示出上升趨勢中更為複雜的修正。圖 A 和圖 B 都有加上賈特利的平行趨勢線走勢圖（請回頭參考圖 4.1）所顯示的 A、B、C。簡單和複雜修正的這些明顯差異，帶出了我們今天所知的賈特利「222」圖形。這對於這個圖形到底是在講什麼，提供了更為清楚的畫面；在多次嘗試了解這個概念之後，發現修正之間存有差異，才有了突破性的發展。

這個圖形的下一步發展，是加進神聖幾何的數學關係（包括費波納奇累加數列）。把費波納奇比率加到這個圖形，給了圖形辨識波段短線交易人工具，可用於決定進場價格、出場點和控制風險的停損水準。最後一步是實證和統計檢定這些圖形的效度。賈特利強調這個圖形大約 70% 的時候正確。檢視過去 40 年的週線、日線和盤中圖形，證明賈特利的原始前提正確無誤。

賈特利「222」圖形說明

雖然賈特利用相同的方式說明買進和賣出圖形，兩者的圖却不同。由於賈特利賣出圖形中的 AB=CD 圖形，才有了賈特利「222」的稱呼。賈特利將這個特別的圖形，用到所有的市場指數，也發表在他的每週新聞信中。
圖 5.1（賈特利所著《在股票市場中投資獲利》一書的圖 27）和我們今天使用的賈特利「222」圖形之間的不同，在於兩個賈特利圖形的組合：
1. 賈特利的著作第 249 頁趨勢線圖的實務運用（圖 4.1）。
2. 賈特利的折返圖形加上 AB=CD 圖形（圖 5.1）。

結合這兩個元素，產生一個買進圖形和一個賣出圖形。

拉里 ‧ 裴薩文托（Larry Pesavento）大約 20 年前發現，進一步加進費波納奇累加數列的比率，他可以發展出堅實的交易圖形。賈特利也在這個圖形利用三分之一和三分之二的比率，但沒有使用費波納奇累加數列的比率。我們用在賈特利圖形的主要費波納奇折返比率包括：.382（趨勢強勁時使

用）、.50、.618、.786。如談圖形結構的下一節所述，1.00 可以用於雙重頂
或雙重底。

賈特利在他 1935 年的巨著中說，他發現 30 年來，十分之七的這些圖形能夠
獲利。現在的統計數字證實賈特利 70 年前所說的仍然相同。

賈特利「222」圖形結構

賈特利「222」圖形的結構，和 AB=CD 圖形幾乎完全相同，主要的差異是：
它多了一條邊，像錨那樣將 AB=CD 定住。AB=CD 圖形是由三條邊形成，
賈特利圖形則由四條邊形成。賈特利圖形必須包含 AB=CD，才是有效的賈
特利圖形。這個圖形一開始標示「X」。一旦這條邊完成，「X」之後的高
點或低點開始形成 AB=CD（見圖 5.2）。

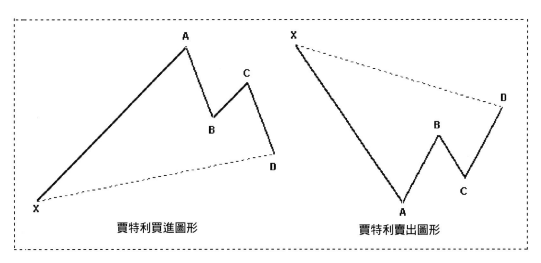

圖 5.2 賈特利「222」買進和賣出圖形中包含 AB=CD 圖形

賈特利圖形和 AB=CD 圖形（第 4 章）一樣，在所有的時間框架和所有的市
場中也看得到。這個圖形會重新試探高價或低價，讓交易人有機會往趨勢方
向進場。同樣的準則適用於賈特利圖形中的 AB=CD 圖形。

知道什麼事情會使賈特利「222」圖形失效很重要。下列三件事會使這個圖
形失效（參閱圖 5.3）。

1. 完成點 D 不能超越 X。

2. C 點不能超越 A。但 C 可以是 X 的 1.00 或者雙重頂或雙重底；這是罕見的圖形，却是有效的。

3. B 點不能超越 X。

適用於 AB=CD 圖形的相同警告訊號，也適用於賈特利圖形：CD 邊接近完成點跳空、寬全距條柱，以及尾端收盤（請參閱第 11 章）。

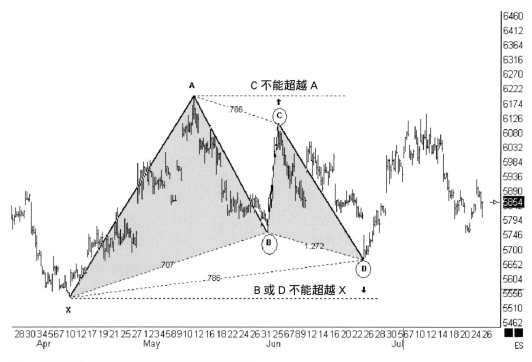

圖 5.3 黃豆日線圖 顯示賈特利買進圖形失效的情況

賈特利「222」圖形的重要特徵

賈特利圖形可以分成和波段的標示有關的四個部分。X 點是波段的高點或低點，也是這個圖形的起點。X 可以在較長時間框架的主要高點或低點看到。但是有時也能在更大的趨勢中的頭部或底部發現 X；換句話說，這個圖形可以在較大的波段或較大的邊裡面成形，但 X 不必是主要的頭部或底部（參考圖 5.4）。千萬不要忘了大多數交易人絕大部分時候不會剛好在頭部和底

部展開交易，但賈特利圖形提供交易人在低風險的交易點和量化的風險水準上，進入趨勢的一個折返進場點。

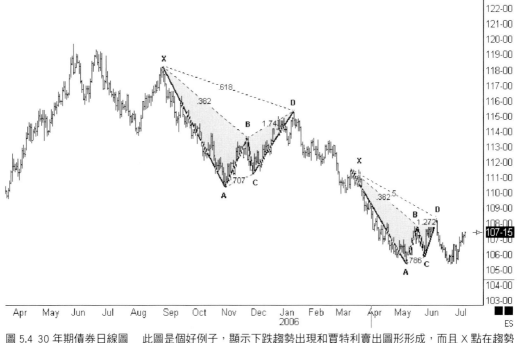

圖 5.4　30 年期債券日線圖　　此圖是個好例子，顯示下跌趨勢出現和賈特利賣出圖形形成，而且 X 點在趨勢之內。

X 點成了所有的技術面交易人每天注意的支點或定錨價格。X 點形成，以及市場開始往一個方向推進之後，XA 邊開始形成；在這個階段，我們不可能確定 XA 邊可能完成的地方。這個第一個波段具有某些特徵，能給我們一些線索，去判斷 XA 邊的長度和衝力：如果往趨勢的方向出現跳空、寬全距條柱和尾端收盤，那麼可能需要一點時間，修正才會發生（請回頭參考圖 4.7）。

隨著第一條邊的速度加快，它會攻克過去走勢圖資料中的舊支撐或舊阻力。看圖判斷 XA 邊完成的唯一方式，是第二條邊，也就是 AB 開始形成。A 快要完成時，會出現許多十字星條柱或鑷子條柱，告訴我們在這一點，動能可能減慢。十字星條柱是一種日本蠟燭線，條柱的收盤價和開盤價相同，或者接近開盤價。這被視為中性條柱。鑷子頂或鑷子底也是一種日本蠟燭線圖形；當 2 根條柱的高點或低點相同，就會形成（見圖 5.5）。

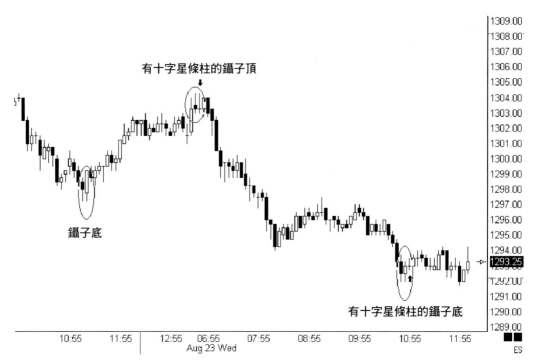

圖 5.5 S&P 的 5 分鐘走勢圖顯示鑷子頂和鑷子底圖形 鑷子頂圖形和較低的鑷子底圖形也顯示有一根十字星
條柱或者中性收盤價，如箭頭所示。

一旦確定 XA 邊完成，下一步就是留意 AB 邊的形成。這條邊是從 X 的初始
脈衝波出現後，第一次向上或向下反彈。這個形狀的觀察要點是：

- 市場修正的費波納奇折返比率。
- 形成這條邊的條柱數目。
- 斜度和衝力的相似之處（見第 4 章「斜度與時間框架」一節）。

例如，如果 AB 邊花了很多時間（超過 8 ～ 10 根條柱）才形成，我們會假
設市場將修正更大，也許到 .618、.786，或者更高。

當價格開始從 B 轉而向下或者向上，必須留意的重要一點是，如果 BC 邊超
越 A，這個圖形會無效（參考圖 5.3）。這條邊在 C 的完成點，有可能剛好

閱讀小祕書／日本蠟燭線

蠟燭線又稱 K 線、陰陽線、棒線、紅黑線，以日線為例，將當天的開盤價、
收盤價、最高價、最低價等漲跌變化，以圖形方式呈現。

是 X 點的雙重底或雙重頂，而這仍然是有效的圖形。但如果 C 的價格超越 A，圖形將歸於無效；這有可能會形成蝴蝶延伸圖形（關於蝴蝶圖形的更多內容，見第 6 章）。

賈特利「222」圖形的心理學

第 4 章談過 AB=CD 圖形的群眾心理。相同的元素適用於賈特利「222」圖形。這是由市場參與者的恐懼和貪婪水準形成的。當主要的頭部形成賈特利圖形，從頭部起的初步走勢，在 A 點找到支撐。（我們這裡以賣出圖形為例，描述群眾心理；請參考圖 5.4。）市場很少一路上揚或下滑，毫無任何修正。當足夠的市場參與者認為這個區是買進機會，圖形中的這個點就會形成，價格可能從那裡反彈。從圖形的 C 點也是一樣。由於市場中總有買家和賣家，當價格形成 B 點和 D 點，賣盤就會湧出，認為這裡是出場或者建立空頭部位的地方。圖形中的 D 點是決定買方或賣方勝負見真章的時刻。價格下跌將對賣方有利，但如果高於 X 點，則這個圖形被視為失敗。

不過，要是這個圖形成功，一旦價格超越 A 點，跌勢會加快。到了這一點，價格會跌破以前的許多支撐區，在 A 點之上買進的所有交易人或市場參與者，現在的部位都發生虧損。根據人類的天性，少數人會盡速出場，將損失壓到最低，可是其他許多人卻會等待價格回升到他們的進場價位——這種事可能發生，也可能不會發生。隨著價格繼續下跌，更多的市場參與者因為虧損加大，被迫在不理想的價格水準軋平部位。最後通常會有某種賣盤高潮殺出，發出底部浮現的訊號，並在新的買盤介入時找到支撐。

交易賈特利「222」圖形

前面說過，任何時間框架都能發現和交易賈特利圖形。這個特別的圖形讓我們不需要去挑選頭部和底部，因為它會重新試探最近的高點或低點。根據定義，它是在比較高的低點買進，或者在比較低的高點賣出，而這是追隨趨勢執行交易的理想作法。走勢的定義是：上升趨勢的高點愈高，低點也愈高，下跌趨勢則是高點愈低，低點也愈低。

下述三個交易實例使用賈特利「222」圖形，說明了如何進場、出場和設定

停損。請參考第 13 章〈擬定交易計畫〉，協助你為這種圖形發展個人的交易
計畫。

我們在期貨或商品交易的例子中使用 2 口合約，在股票交易的例子中則使用
200 股，以說明分兩批出場的作法。我們也在「替代交易管理」項下，舉兩
三個例子，提供各式各樣的選項，以管理這些圖形的交易格局。

交易格局 #1：賈特利「222」買進圖形
市場：黃豆
合約數：2 口

這筆交易的進場點是在 .786 的 D 完成點。圖 5.6 的這個圖形中，.786 重複
出現了幾次。請注意 CD 邊中用括弧標示的第二個 AB=CD 圖形形成；這給
了我們線索，預示圖形可能在哪裡完成。

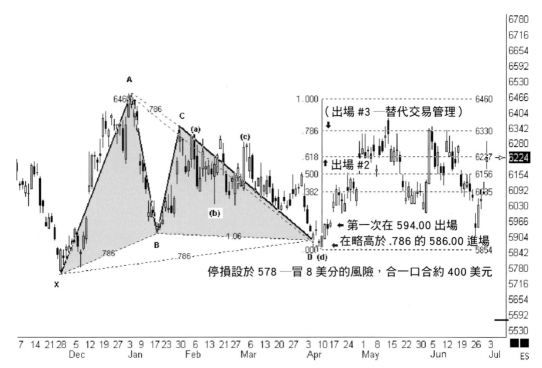

圖 5.6 黃豆日線圖 顯示賈特利「222」買進圖形格局，其中 .786 比率重複 3 次。交易人可能因此心裡有數，
知道獲利目標在哪裡。

這筆交易在略高於 .786 的 586.00 處下限價單,最初的停損單為 8 美分或者每口合約 400 美元。交易賈特利圖形時,理想的作法是將停損點設在略低於 1.00(X)水準之處,但如此一來,有時承受的金額風險太大,所以停損單會改為計算金額。任何一筆交易一定要看風險金額和將停損點置於何處。如果交易人根據資金管理計畫,找不到可接受的停損水準,那筆交易就應該捨棄,另尋風險可接受的交易。如果圖形仍然維持原狀,停損出場的一筆交易,總是可以再進場。這些是交易人必須不斷做出的決定。

無風險交易 這筆交易的第一個出場點 594.00,將獲利 8 美分或 400 美元。將出場點訂在這裡的理由是,如果我們冒 8 美分的風險,可望獲得 8 美分的部分利潤,然後把我們的停損點上移到損益兩平水準,從而減低交易的風險,或者使我們置身於無風險的交易中。

這筆交易的第二個出場點在 .618 的 622.00。這筆交易的第一口合約淨賺 8 美分,第二口合約淨賺 36 美分,每口合約共賺 44 美分,等於 2,200 美元。

隨著價格往對交易人有利和預期的方向走,交易人可以亦步亦趨設定移動停損點以鎖定利潤。做這件事沒有任何確切的方法,也找不到什麼方法每次都靈光。如果在價格升抵最後的獲利目標之前,交易人便因所下的落後停損單(trailing stop)而出場,他或她可以在折返式的圖形出現時重新進場交易(參考第 8 章更多的折返進場內容)。所用的落後停損單,可以根據特定的金額或者價格的百分率,或者使用費波納奇折返水準去下。請把停損點下在關鍵水準,或走勢圖中其他的目視支撐或阻力水準之上或之下。

在圖 5.7,可以看到一旦價格從賈特利買進圖形的 AD 波段折返 .382,就能從最近的波段低價到高價,或者 AD 邊折返 .382 的波段價格,預估新的折返水準,以及在那個折返水準的 .786 之下設落後停損點。我們的假設是:如果價格跌到低於那個折返水準的 .786 之下,圖形可能失靈。這個例子中,這將是這筆交易設定的第三個停損點:
1. 初始停損點設在 578.00。
2. 第一次出場之後,停損點移到損益兩平點。
3. 落後停損點移到低於 .786 的折返水準。

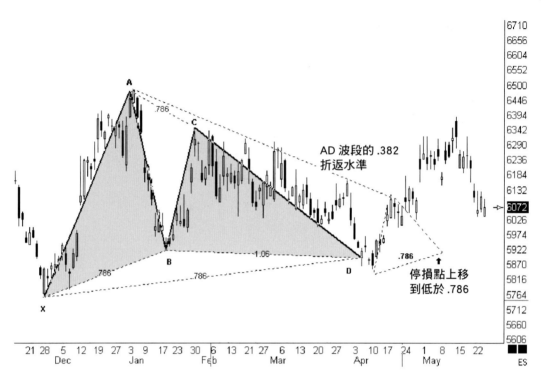

圖 5.7 黃豆日線圖　使用費波納奇折返水準以設定落後停損點

替代交易管理　這個例子說明了如何分三批出場，而不是分兩批。在比較長的時間框架和比較大的目標，使用三批出場的交易策略，可以產生更多的利潤。對交易人不利的一面當然是如果交易停損出場，就會招致額外的損失。交易人的投資組合一定要運用正確的資金管理方式，而且使用這個策略時，絕對不能不這麼做。這個策略的另一缺點是，如果第三個目標沒有達成，而且價格反轉，第三口合約在第二個獲利目標區之下停損出場，那麼交易人可能會吐回若干利潤。

我們有在圖 5.6 標示 .786 水準為第三個和最後一個獲利目標出場點。這筆交易的交易人很可能每口合約額外獲利 11 美分或 550 美元。

交易格局 #2：賈特利「222」賣出圖形
市場：Google（GOOG）股票
股數：200 股

在略低於 .786 的每股 384.25 美元處下限價賣單放空（參考圖 5.8）。成交後，立即在 1.00 或 X 水準上方的 389.75 美元，下保護性的停損買單，每股風險為 5.50 美元。這筆交易的第一個獲利目標（第一次出場點）在 378.75 美元，等於風險金額。一旦這個目標達成，將停損點下移到損益兩平點。第二次出場點在 .618 的 371.50 美元。我們會想要遮蔽出場單，以確保成交，所以將買單訂在 371.75 美元。一旦達到第二個獲利目標（第二次出場點），就取消保護性的停損買單。

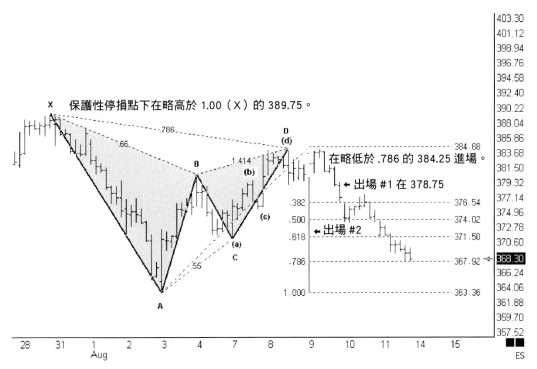

圖 5.8 Google（GOOG）60 分鐘走勢圖的賈特利「222」圖形　把停損點下在 X 點上方，這個圖形的風險是可以接受的；風險是每股 5.50 美元，就價格 384 美元的股票來說相當低。

由於這檔股票的價格高，以及金額波動較大，交易人當然希望在將停損單移動到損益兩平點之後，在價格走勢對交易人有利之際下落後停損單以保護獲利。如果是用走勢圖上的目視點或者費波納奇折返水準下落後停損單，那麼利用較小的時間框架，觀察最近的波段是有幫助的（見圖 5.9）。這個例子中，使用 30 分鐘或 15 分鐘的走勢圖就已足夠。

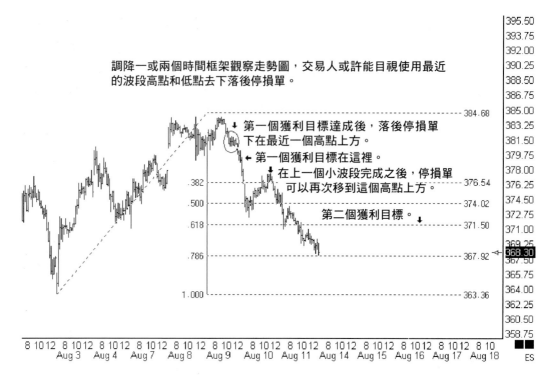

圖 5.9 Google（GOOG）15 分鐘走勢圖　顯示調降一個時間框架去觀察，有助於交易人利用最近的波段，下落後停損單。

這筆交易在第一次出場點，每股淨賺 5.50 美元，第二次出場點每股淨賺 12.50 美元，整筆交易合計淨賺 18.00 美元。

替代交易管理　管理這筆交易的可接受替代方式，是在 .618 的折返水準完全出場。這將給交易人接近 3:1 的風險／報酬取捨。我們為什麼不每筆交易都這麼做？答案很簡單：一段時間以來，我們發現在風險金額附近或者接近風險金額的地方實現部分利潤，會給我們的交易很高的獲利／虧損比，而且迅速降低交易的風險到接近無風險的水準。每當我們能使自己執行無風險的交易，我們就會這麼做。

交易格局 #3：失敗的賈特利「222」圖形
市場：E-mini S&P 500
合約數：2 口

圖 5.10 中，這筆交易在 1270.00 下放空限價單。一成交，便立即在 1.00（X）上方的 1273.50 下保護性停損買單。這筆交易會在 D 完成點附近的長條柱完成之前成交，而那條長條柱是警告訊號之一。這種事情偶爾會發生，也是交易的一部分。保護性停損買單會抑低損失，讓我們得以展開下一筆交易。

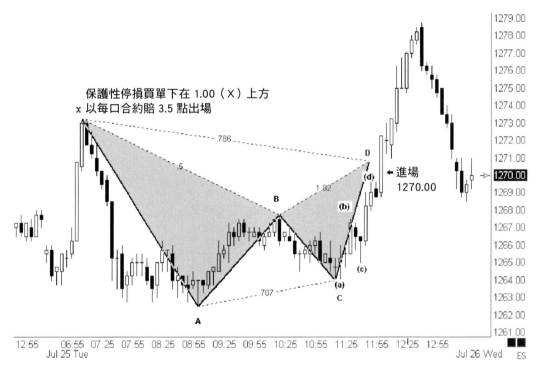

圖 5.10 E-mini S&P 500 的 5 分鐘走勢圖中有個失敗的賈特利「222」圖形　完成點出現一根寬全距條柱，這是個警告訊號，但在委託單成交之前，不可能完整看到這個警告訊號。

不管結果如何，交易人一定要負起操作的責任；如此才能學習從機率的角度去思考。賈特利「222」圖形會給交易人有利的正期望值。交易人的責任是接受風險、運用穩健的資金管理技術，以及發展良好的執行技巧。

【實戰心法】
賈特利「222」圖形的結構,和 AB=CD 圖形幾乎完全相同,主要的差異
是:它多了一條邊,像錨那樣將 AB=CD 定住。AB=CD 圖形是由三條邊
形成,賈特利圖形則由四條邊形成。賈特利圖形必須包含 AB=CD,才
是有效的賈特利圖形。

【投資小叮嚀】
如果交易人根據資金管理計畫,找不到可接受的停損水準,那筆交易就
應該捨棄,另尋風險可接受的交易。
If the trader cannot find an acceptable stop level according to the trader's
money management plan, then the trade should be dropped and another trade
with acceptable risk should be found.

第 6 章

蝴蝶圖形

極少數圖形能真正找到頭部和底部，蝴蝶圖形是其中
一種，它可說是最能獲利的交易圖形之一。不過，這
個圖形不是百分之百靈光，所以必須運用停損單。

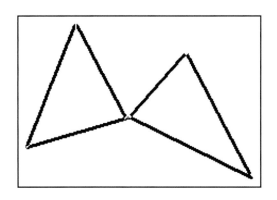

蝴蝶圖形（Butterfly pattern）肯定是我們最喜歡的延伸圖形之一。這個特別
的格局，試圖在市場反轉點的高價和低價進場交易。圖形和完成點往往發生
在主要的頭部和底部，也能在所有的時間框架中看到。我們也經常在多個時
間框架的相同價格區看到不只一個蝴蝶圖形正在完成。

這個圖形的風險／報酬比非常有利。最佳的圖形往往是在完成點或者接近完
成點的地方立即反轉。極少圖形能夠真正找到頭部和底部，它卻是其中一
種。不過，這個圖形不是百分之百靈光，所以必須運用停損單；你會在本章
最後一個交易格局看到：當這個圖形失靈，通常失靈得很慘。

蝴蝶圖形史

為了解釋蝴蝶圖形的歷史,我們必須介紹澳洲交易人和波浪交易人程式(Wave Trader Program)的開發者布萊斯・吉爾莫。他終身研究艾略特(R.N. Elliott)、甘恩等大師的著作。他在 1988 年發展出波浪交易人程式;這是使用全部神聖幾何數字的第一套電腦程式,包括費波納奇累加數列。由於這項創舉,蝴蝶圖形才被發現。

波浪交易人程式計算每一個波段和比率,並且經由一系列的分析,將圖形從 1 標示到 10,其中 10 表示 10 個波段和比率在相同的時間和價格滙集的水準。多個圖形在這個水準以神聖幾何的比率完成。布萊斯把來自神聖幾何的所有數字都包含在內,毫無遺漏。和其他許多圖形一樣,當第 10 波水準的交易失靈,通常預示市場將繼續往原來趨勢的方向行進。

布萊斯不論做什麼事,都是完美主義者。有一次他很詳細地分析了財政部公債市場,得到公債不會漲到 101.00 以上的結論。他在 101.00 賣出公債,並在 101.02 下停損單,正好是每口合約為 62.50 美元。當本書作者之一拉里表示停損點可能有點太靠近,布萊斯叫道:「如果那些債券的交易價格漲到超過 101.02,那麼我研究、閱讀和相信的一切,全都毀了!」他又說,如果債券的交易價格高於 101.03,他會燒了所有的書和資料,回祖國澳洲去開賽車和打高爾夫。債券果然漲到波段的高點 101.00,在那裡持續兩個多月之久。

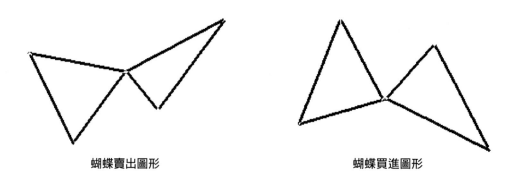

蝴蝶賣出圖形　　　　　　　　　　蝴蝶買進圖形

圖 6.1 從蝴蝶買進和賣出圖形的線圖,可以看到兩個相連的三角形。

1992 年某個交易日，拉里和布萊斯坐在一起看第 10 波圖形，蝴蝶圖形一詞就此誕生。這個圖形以許多不同的顏色呈現，當兩個多彩的直角三角形合在一起，拉里說，看起來像隻蝴蝶。布萊斯答道，用這個名稱叫這個圖形很好，於是就這麼稱呼它了（見圖 6.1）。

經過約 20 年，以及數千個蝴蝶圖形出現之後，配合妥善運用停損單，它可以說是最能獲利的交易圖形之一。在你閱讀這一章和研究這個圖形時，請特別注意它的風險。

蝴蝶圖形說明

我們最好將蝴蝶圖形描述成一種延伸圖形。它也是個失敗的賈特利圖形，也就是 D 完成點是在 X 之上完成。務必記住：這種事情發生時，賈特利圖形被視為失敗的圖形，但在這種失敗發生之後，蝴蝶圖形可能形成（參考圖 6.2）。AD 波段的延伸和 CD 邊可以想成是拉長的橡皮筋。市場在這些點變得超買或超賣，走勢可能反轉。

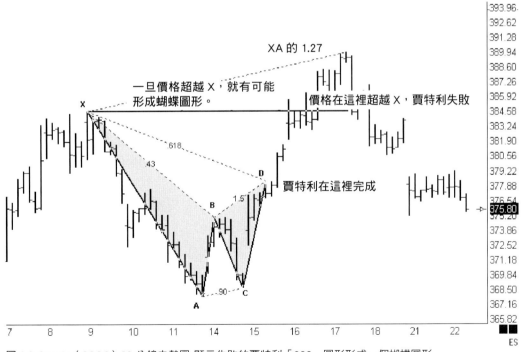

圖 6.2 Google（GOOG）60 分鐘走勢圖 顯示失敗的賈特利「222」圖形形成一個蝴蝶圖形

即使完全反轉沒有發生，交易人還是可以在 CD 邊或 AD 波段的折返水準出場，而從這個圖形獲利。你將在本章「交易蝴蝶圖形」一節的「交易格局#2」項下看到這方面的例子。這個圖形是由兩個直角三角形在一點結合而形成的。這樣的形狀，使得這個圖形看來就像蝴蝶。利用高於 1.00 的費波納奇比率，例如 1.272、1.618、2.00 和 2.618，可以計算完成點。如果超越 2.618，這個圖形會被認為遭到否定，趨勢很可能將持續下去。大多數情況下，最大的風險在 1.618 的水準。

由於任何圖形都有可能是失敗的圖形，以及連蝴蝶圖形也可能失敗，所以我們在這裡再次指出，這個特別的圖形一旦失敗，走勢會迅速對交易人的部位不利；如果交易人缺乏交易技巧或者沒有遵守使用停損單的紀律，最好不要交易這種圖形。這兩個元素必須是交易人所用工具箱的一部分。

蝴蝶圖形結構

蝴蝶圖形的形狀和結構應該非常對稱。蝴蝶圖形和與賈特利「222」圖形一樣，形成後有四條邊。不同的地方在於蝴蝶圖形的最後一邊（CD 邊）會延伸到 X 點之外，而且會走向 XA 的 1.272 或 1.618 延伸段（實例見圖 6.3）。BC 邊也會延伸，但完成點通常由 XA 波段決定。

這個圖形的 AB 邊通常會落在 .618 或 .786 的折返水準。如果折返水準在 .382 或 .50，這個圖形也有效。AB 邊的折返可以進一步到超過 .786，如圖 6.3 所示，但如果超越 X，這個圖形會被否定。蝴蝶圖形可能正在形成的一個線索，如果第一次折返，也就是 AB，走到 .786 折返水準或更多。

曉得哪些事情會使這個圖形失效很重要；以下五件事會否定這種圖形：
1. AD 波段內缺少 AB=CD。這個圖形必須包含 AB=CD。
2. 延伸到 XA 的 2.618 之外。延伸 1.618 通常是最大的風險。
3. B 點高於 X 點（賣出圖形）或低於 X 點（買進圖形）。
4. C 高於或低於 A 點。
5. D 未能延伸到 X 之外：D 必須延伸到超越 X，才是蝴蝶圖形。

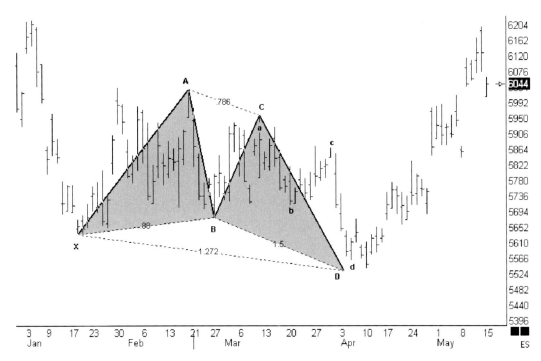

圖 6.3 黃豆日線圖呈現蝴蝶圖形的結構

我們也經常在一條主要的邊之內，看到比較小的「ab=cd」圖形；例如，圖 6.3 中，AD 波段比較大的 AB=CD 形狀中，可以看到小 ab=cd。

我們最喜歡的一些格局，是在幾個時間框架中有多個圖形在一個價格區內完成。第 8 章〈折返進場和多個時間框架〉有更詳細的說明。

蝴蝶圖形的重要特徵

在本書的所有圖形中，如果這個圖形真的顯示市場的重大轉折點，它會是報酬最大的一個圖形。這是終極的反向操作者的交易圖形。但如果交易人沒有花時間去研究和了解如何適當地評估和管理這個圖形，風險會很大。研究這個圖形時，應該了解它的幾個特徵，因為這有助於交易人確認可接受的風險相對於報酬格局和有效的圖形。請回頭參考第 4 章〈AB=CD 圖形〉和溫習「CD 邊的變型」和「斜度與時間框架」兩節。這方面的資訊也適用於蝴蝶圖形內的 AB=CD。

以下三點是蝴蝶圖形的重要特徵：

1. **衝力**。從 C 點起的走勢如何啟動，是很重要的觀察重點，因為這能提供交易人資訊，研判走勢可能形成蝴蝶圖形，而不是形成賈特利圖形——也就是穿越 .618 或 .786 的長條柱或跳空。交易人應該密切觀察走勢是否出現跳空。這樣的走勢告訴我們人氣未知或者有了變化，並且發出市場狀況正在改變的訊號。從 CD 邊出來的衝力，強烈預示延伸段比較有可能創下 1.618 的新高，而不是寫下 1.272 的新高。

2. **對稱**。研究 AB=CD 的對稱性；注意 AB 邊的斜度和角度，接著注意 CD 邊的斜度和角度。如果 CD 邊的角度比較陡，就可能預示 CD 邊將延伸超越 X，而形成蝴蝶圖形。AB 邊的對稱或斜度應該很接近 CD 邊，才能維持這個圖形的理想對稱。也請注意這些邊的時間條柱關係；例如，如果 AB 邊拉出 8 根條柱而形成，CD 邊的形成也應該有約 8 根條柱，因此構成理想的蝴蝶圖形。

3. **失效的跡象**。謹防價格超越 XA 的 1.618 倍。一般來說，如果走勢超越 1.618，表示趨勢將延續。只要技術人員繼續關注這些特徵，交易蝴蝶圖形陷入麻煩的可能性會大為降低。蝴蝶交易不是給膽小的人玩的，因為需要在市場最為看漲和最為看跌的時刻，違背市場的趨勢而進場。

蝴蝶圖形的心理學

前面第 4 章〈AB=CD 圖形〉和第 5 章〈賈特利「222」圖形〉討論過這些圖形如何因為交易人基本的恐懼和貪婪而形成。買盤較多時，價格上漲；賣盤較多時，價格下跌。由於蝴蝶圖形是一種延伸圖形，主要在大頭部和底部時發現，而且經常發出訊號，預示大反轉點就要出現，所以我們可以運用基本的群眾心理學，並且親眼目睹它的極端表現。當這種圖形是市場中的大反轉點，你會看到市場轉向，群眾將同時奪門而逃。這是市場中恐懼和貪婪情緒的極端表現。

在市場的頭部，市場參與者開始試著脫手。他們害怕錯誤的部位或者剛建立的空頭部位賠錢、害怕獲利縮水、多頭獲利了結，或者建立起新的空頭部位。在底部，市場參與者開始在他們認為的便宜價格買進；有人仍在拋售賠錢的多頭部位（這稱作嘔吐點，也就是交易人或投資人再也無法多撐住賠錢的部

位一分錢）；也有人軋平空頭部位，獲利了結。在這一點，任何新的空頭將因為價格上漲，對他們不利，而認賠回補，所以給市場增添更多的動力。這一點是害怕賠錢和錯過獲利機會的極端。

在這些大反轉點，交易人可能注意到電視和報章雜誌的新聞報導多得不尋常，社交場合中人們的談論也熱絡了起來，甚至走在大街小巷或其他的公共場所也能聽到。所有這些報導或者談論，出現在頭部，人們非常看好後市，但走勢圖上卻呈現蝴蝶賣出圖形；出現在底部，人們非常看壞後市，但走勢圖上呈現蝴蝶買進圖形。這個時點的新聞，將一面倒偏向於趨勢的方向，很難找到任何人承認自己的看法和意見與大眾相反。使用長期移動平均線在市場操作的任何人，絕對不會在蝴蝶圖形快要完成時，做出建立反趨勢部位的決定。

交易人應該記得很少有人能夠剛好買到一檔股票或一個市場的高點或低點，而蝴蝶圖形會在最後一個多頭在頭部買進，或者最後一個空頭在底部賣出之後轉向。

交易蝴蝶圖形

當市場在完成點或者完成點附近快速轉向，蝴蝶圖形可以提供即時的滿足。但它也可能是虧損最快的交易之一，因為交易人試圖挑選市場的高點或低點，而如果價格下跌且趨勢持續發展，交易通常會很快停損出場。我們強調過好幾次，說有必要運用保護性停損單，而這個作法對這種圖形格外重要；交易人不會希望這種圖形對自己的不利發展，超過他們的交易計畫和資金管理計畫允許的程度。

這裡列舉三個交易實例，以及管理這種圖形交易的幾個變化型式。

交易格局 #1：蝴蝶買進圖形
市場：輝瑞（Pfizer；PFE）股票
股數：200 股
（見蝴蝶圖形分三批出場的「替代交易管理」。）

這個蝴蝶買進圖形在 1.272 完成，並且從這一點強力反轉（見圖 6.4）。有必要指出，跳空和寬全距條柱對於在這個蝴蝶圖形完成時作多的交易人有利。這應該是價格可能漲得更高的訊號。

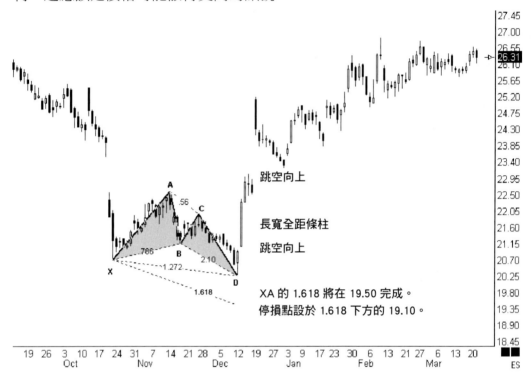

圖 6.4 輝瑞（PFE）日線圖　顯示一個蝴蝶買進圖形幾乎絲毫不差在 1.272 的折返水準完成。這個例子中的跳空和寬全距條柱對交易人有利，發出的訊號預示價格應該會漲得更高。

這筆交易的進場點是 20.30，停損點設置於 XA 估計的 1.618 範圍的 19.50 下方。我們選定的停損點設於 19.10，風險為每股 1.20 美元，或者 200 股為 240 美元。

交易任何圖形時，風險務必是可以接受的。如果無法接受，交易人必須放棄那筆交易，另尋風險可以接受的格局。交易蝴蝶圖形時，重要的是計算低於 1.272 的 1.618 水準是在哪裡，並且確定將保護性停損單置於略高於或略低於這個水準，風險是否能夠接受。如果可以接受，那麼這是下停損單的合理位置。要是不然，那麼交易人必須決定是要放棄這筆交易，或者如果價格接近 1.618 的完成點，是否有可能在那裡或者附近進場。

另一個選擇，是利用金額或者資金的百分率作為停損點，而且知道在那個水準或者接近那個水準可能有另一個進場點，可以在停損出場後，準備重新進場交易。再有另一個選擇是，等待折返進場或者賈特利圖形以進場交易。參考第 8 章談折返進場和第 5 章的賈特利「222」圖形。

無風險交易　這筆交易的第一個出場點是在 AD 波段 .618 水準的 21.70（見圖 6.5）。初始風險為每股 1.20 美元，而且這個出場點將風險降低到略高於損益兩平點。第一個出場點之後，停損單向上移到損益兩平點。落後停損點可以使用金額、交易人覺得利潤會吐回去的最高百分率，或者走勢圖可以目視的點，例如最近的低點或跳空區。交易人用來下落後停損單的方法，應該在進場交易前就已經知道，而且應該屬於交易計畫的一部分。

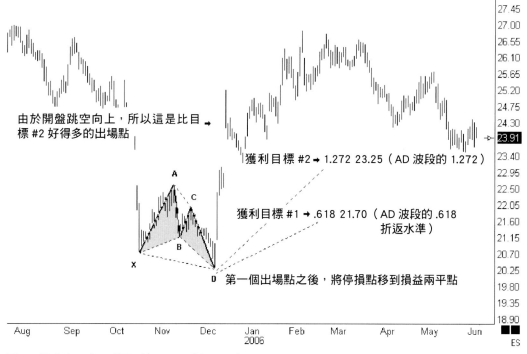

圖 6.5　輝瑞（PFE）日線圖　使用 .618 的折返水準和 1.272 的延伸，決定蝴蝶圖形的獲利目標出場點。

這筆交易的第二個出場點是在 AD 波段延伸 1.272 的 23.25。在市場中交易，有時很幸運，而在這個例子，市場開盤向上跳空，超越了第二個目標，並在開盤價 25.15 附近成交。這筆交易的初始風險為 240 美元，獲利 625 美元。

圖 6.5 顯示 AD 波段的折返水準，以及第一和第二個出場點。

替代交易管理 蝴蝶圖形可以用幾種方式來管理。交易人交易這個圖形的整體市場知識和經驗，將決定他們可以使用什麼方法。交易人也可以針對這個圖形或者其他任何圖形，發展出屬於自己的交易管理風格。

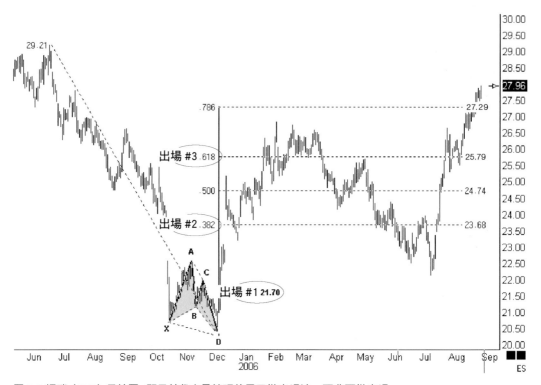

圖 6.6 輝瑞（PFE）日線圖　顯示替代交易管理使用三批出場法，而非兩批出場。

我們知道，當蝴蝶圖形全面反轉，力道非常強大。因此，交易人在交易蝴蝶圖形時，可能會考慮訂定一個交易計畫，使用三批出場法，而不是只分兩批。圖 6.6 顯示日線圖上從最近的波段高點折返。替代交易管理方法允許第一個出場點設在等於這筆交易風險金額的地方。就這個例子來說，是指 1.20 美元。由於進場點是 20.30 美元，所以第一個出場點設在 21.50 美元。價格到了那個出場點，初始停損單便移到損益兩平點。初始停損點的位置仍然相同；

它不會因為使用三批出場法就改變。但是交易人需要確定他們的資金管理方法是否允許他們多交易三分之一股票。如果不是，他們可以將準備交易的股數分為三份，或者繼續使用兩批出場計畫。

第二個獲利目標使用較大的折返水準，可以訂在 .382。這個例子大約為 23.65 美元，但請記住：這筆交易中，市場開盤向上跳空，第二個出場點的成交價格在比較高的 25.25 美元，因此而收到市場給的厚禮。每當市場送你錢，收下就是！

接著根據交易人的交易計畫，設定落後停損點，第三和最後一個出場點設在波段的 .618 折返水準（見圖 6.6）。研究這筆交易的走勢圖，你可以發現有很多組合可以使用。最好根據你的技能水準，先用簡單的計畫，並且堅持不改。當你的經驗更加豐富，可以視情況調整交易管理技術。

交易格局 #2：蝴蝶賣出圖形
市場：原油
合約數：2 口

這筆交易讓我們對蝴蝶圖形，以及交易人每天面對，需要做決定的不同情境，學到很多。請花點時間研究圖 6.7，尋找走勢圖內的所有特徵，如下所述：

- 有兩個緊接在一起形成的蝴蝶圖形。
- 第一個蝴蝶圖形折返到較大圖形 AD 波段的 .382，然後繼續邁向新高點。請記住，.382 的折返水準預示趨勢保持不變。
- 第一個蝴蝶圖形接近完成點時有跳空出現。
- 第一個蝴蝶圖形的 AB 邊和 CD 邊極其相似。
- 第二個蝴蝶圖形在 a 點和 c 點出現雙重底。
- 第二個蝴蝶圖形完成之後有賈特利「222」圖形。賈特利「222」圖形重新試探和折返進入一檔股票或一個市場。請回頭參考第 5 章談賈特利「222」圖形的內容，並請參閱第 8 章所談折返進場。
- 在兩個蝴蝶圖形的完成點，新聞消息對後市極為看好。

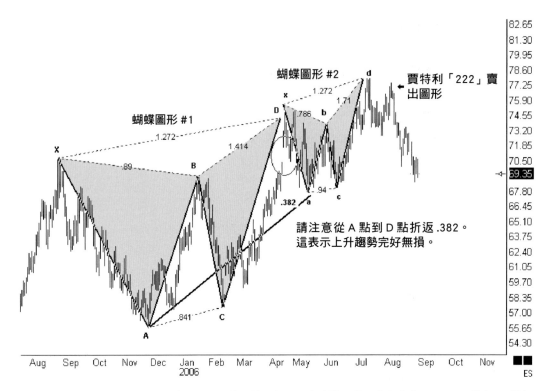

圖 6.7 原油日線圖中的兩個蝴蝶賣出圖形，接近第一個圖形完成點 D 的地方有跳空，而且 AB 邊和 CD 邊極為相似。第二個蝴蝶圖形在波段的高點完成。最後一個高點之後，出現賈特利「222」賣出圖形。

第一個蝴蝶圖形的完成點約為 74.40 美元，遮蔽進場點為 74.35 美元；在像原油這樣的市場中，使用 1.00 到 1.50 美元的初始停損單，等於每口合約 1,000 到 1,500 美元。這個格局，三種可能情境之一可能發生。結果取決於所用停損單的大小、交易人將不得不做的決定，以及原始的交易計畫：

1. 交易人如果使用 1.00 美元的停損金額，會在波段高點的 75.35 美元停損出場，損失 1,000 美元。

2. 如果使用更寬的停損點，也就是 1,500 美元，交易人第一部分的交易將能在 72.85 美元，也就是與風險相等的地方出場，並將停損點移到損益兩平點，後半部分的交易將停損出場。繼續往上升趨勢方向前進的蝴蝶圖形交易因此獲利 1,500.00 美元。

3. 要是交易人的停損點更寬，有耐性地維持初始停損單不變，並在 .382 折返水準出場，這個策略會使每口合約獲利約 6.00 美元或 6,000 美元。

這個交易格局是調整交易管理的絕佳例子。交易人最好的作法，是精心編訂
交易計畫，然後根據計畫去交易。有些時候，三個情境中的每一個都可能出
現，並帶來損失或獲利。

無論第一個蝴蝶圖形的結果為何，第二個蝴蝶圖形形成時，便提供了另一個
放空進入市場的機會（見圖 6.8）。第二個蝴蝶圖形的進場點在 77.50 美元，
初始停損單下在 78.50 美元，等於每口合約的初始風險金額為 1,000 美元。

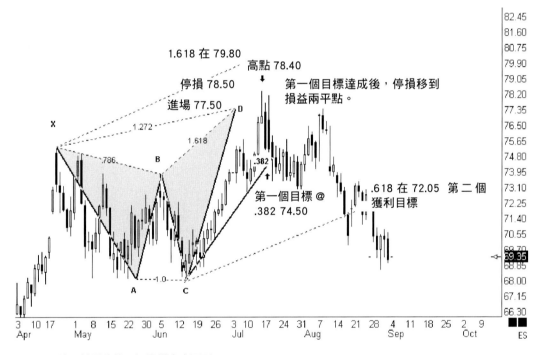

圖 6.8 原油日線圖的第二個蝴蝶賣出圖形

這個格局的第一個出場點將在 CD 的 .382 折返水準；請記住，這是雙重底蝴
蝶圖形，所以就這個例子來說，從 AD 折返，或者從 CD 折返到約 74.50，
兩者並無差別。這個時點的市場，特徵是處在可能的反轉點，因此有潛力獲
利更多，但每口合約的風險相當小。第一個獲利目標完成後，停損單移動到
損益兩平點。第二個獲利目標將在大約 72.05，也就是 CD 的 .618 折返水準。
如果分三批出場，交易人的第三口合約可望在設定落後停損單的情型下，獲
得更多利潤。

兩口合約的獲利將為 8.45 美元或 8,450 美元，初始風險為 1,000 美元。你可以了解為何交易人繼續交易，把走勢形成的所有蝴蝶圖形交易完，是很重要的一件事。我們沒辦法知道哪個圖形會建功。

交易格局 #3：失敗的蝴蝶圖形
市場：歐元期貨
合約數：2 口

歐元市場的這筆交易是個失敗的圖形和失敗的交易。請仔細觀察圖 6.9，注意 AD 邊內形成的 AB=CD 圖形。我們已標示其中三處，但實際上總共有四處；把最後一處也標示進去，這張走勢圖會不容易判讀。你可以看到一個圖形結束後，另一個圖形接著開始。

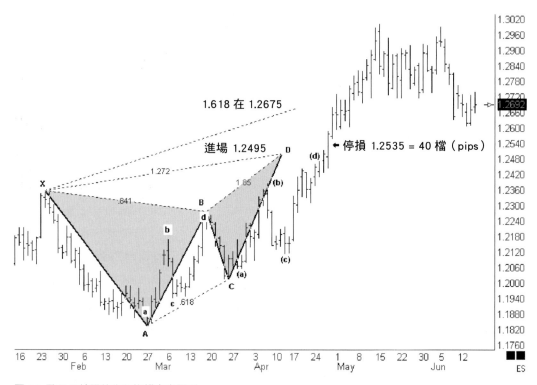

圖 6.9 歐元日線圖的失敗蝴蝶賣出圖形

進場點在 1.2495，每口合約停損金額為 500 美元，合每檔（pip）12.50 美元，下在 1.2545。如果將停損點設在略高於 1.618 的地方，這筆交易的風險會太高。進場後的條柱是根寬全距條柱，而且這筆交易會在幾分鐘內停損出場。當蝴蝶圖形失敗，它們通常會很快失敗，因為當它們失敗，表示趨勢仍然完好無損，動力仍往原來的方向前進。要是在 1.618 再次進場交易，會發生第二筆損失。

那個波段的高點約為 1.3000，以虧損來說，等於約整整 5 點，或者每口合約 6,250 美元。

我們一直主張本書介紹的所有圖形，都要使用保護性停損單，尤其是像蝴蝶圖形這種力量強大的圖形。它的潛在獲利和潛在虧損都很大。務必學習如何保護你的營運資金，如此才能捲土重來，繼續交易。

【實戰心法】
蝴蝶交易不是給膽小的人玩的，因為需要在市場最為看漲和最為看跌的時刻，違背市場的趨勢而進場。

【投資小叮嚀】
每當市場送你錢，收下就是！
Whenever the market offers you a gift —take it!

第 7 章

三衝圖形

三衝圖形的結構很簡單，在上升趨勢中，由三
個間隔相當的頭構成，在下跌趨勢中，則由三
個間隔相當的底構成。

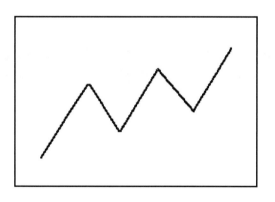

本書列舉的所有圖形，都有一個重要元素，那就是對稱。每個圖形的結構都
對稱。我們介紹並討論了 AB=CD 圖形、賈特利「222」圖形和蝴蝶圖形的
對稱性。三衝圖形（Three Drives pattern）也不例外。你會在本章看到，對
稱是這個極佳交易圖形的核心。

三衝圖形史

談圖形辨識的書很少寫到三衝圖形。第一個提到像這個圖形的人，很可能是
喬治 · 柯爾（George Cole）。雖然柯爾的確在 1936 年寫的《投機之鑰》

（Keys to Specu1ation）一書提到這個圖形，卻沒有準確地描述它。賈特利於《在股票市場中投資獲利》一書描述擴大五波三角形（Expanding Five Wave Triangle）時，比其他任何人更接近描述這個圖形。1930 年代很受歡迎的交易書籍作家威爾斯・懷爾德（J. Welles Wilder），將賈特利的擴大五波三角形做成交易系統出售，稱為反向點波（Reverse Point Wave），售價 2,500 美元。

1950 年代，加州聖巴巴拉（Santa Barbara）的股票投資人威廉・鄧尼根（William Dunnigan），寫了兩本談交易系統的小冊子，其一題為《鄧尼根單程法》（The Dunnigan One Way Method），其二題為《鄧尼根衝力法》（The Dunnigan Thrust Method）。他在寫這兩本小冊子的時候，正值美國的股票市場躋身而成世界最負盛名的金融工具之一。這時的投資人，距 1929 年的股市崩盤雖然已經好多年，卻仍處於重拾信心的階段。鄧尼根的確把這個圖形稱為三衝，而且很可能是如此命名的第一人。

專門揭露期貨業真實面貌的刊物《期貨真相》（Futures Truth），總裁約翰・希爾（John Hill）1970 年代和本書作者之一拉里是亦師亦友的關係。他介紹拉里注意這個圖形。這是很好的交易圖形，但不像其他的交易圖形那般經常出現在所有的時間框架中。

三衝圖形說明

三衝圖形的結構很簡單，任何時間框架的走勢圖上，應該很容易一眼看出。它在上升趨勢中，由三個間隔相當的頭構成，在下跌趨勢中，則由三個間隔相當的底構成。三衝圖形也包含一個 AB=CD（見圖 7.1）。這通常會在頭或底發現，走勢最後上衝或下墜，然後反轉。我們也必須指出，這個圖形不總是預示會有大反轉——它可能是趨勢中一個波段的結束，將出現修正，而不是完全反轉。如果是個修正，則在第三衝之後，可能形成 AB=CD 圖形或折返圖形。

觀察修正圖形的反轉情型，從中得到線索，是很重要的一件事。如果修正圖形失敗，交易人可能懷疑趨勢已經結束。如果是反轉，從這個圖形出現急劇

向上或向下的走勢，並非不常見。參考本章稍後交易格局 #1 中的修正圖形實例，以及交易格局 #2 的三衝圖形完成後反轉。

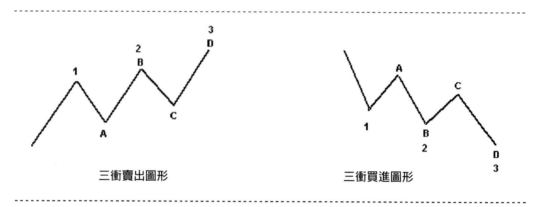

三衝賣出圖形　　　　　　三衝買進圖形

圖 7.1 三衝圖形

三衝圖形結構

這個圖形的衝（頭和底）編號為 1、2 和 3。每一衝都比上一衝要高或低——往頭部圖形推進的三衝圖形是愈衝愈高，往底部圖形推進的三衝圖形則是愈衝愈低（請回頭參考圖 7.1）。從一衝的頭或底，到二衝的頭或底，距離應該是延伸 1.272 或 1.618，而且從二衝到三衝的頭或底也相同。務必記住：市場走勢可能略低於這些水準，或者可能稍微走過頭。重要的是觀察對稱圖形形成。從一衝衡量到 A，以及在三衝完成，也可能有 1.272 或 1.618 等延伸數字。請參考圖 7.2 的實例。

構成 AB=CD 的 A 點和 C 點的折返，應該是費波納奇折返水準，理想上是在 .618 或 .786。如果折返在 .382 形成，這又是趨勢強勁的訊號。這些衝刺應該一眼可見呈現對稱的形狀。如果交易人必須費很大的勁，才好不容易看得出來，那麼它很可能不是三衝圖形。

從 A 點到二衝，以及從 C 點到三衝，也應該有時間對稱，也就是每一邊形成的時間條柱數目應該大約相等。

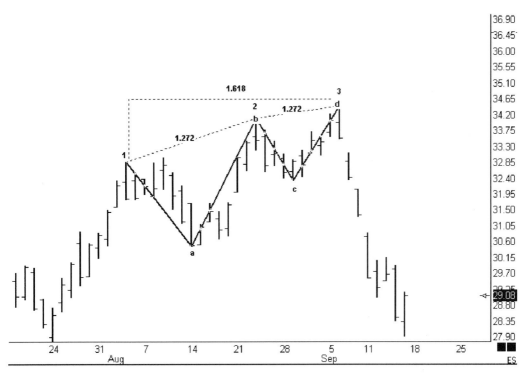

圖 7.2 巴里克黃金公司（Barrick Gold Corporation；ABX）日線圖的三衝賣出圖形 從一衝到二衝，以及從二衝到三衝的頭，距離是延伸 1.272。從一衝到 A 和在三衝完成，距離是延伸 1.618。

有五件事必須注意，因為它們會使這個圖形歸於無效：

1. 賣出圖形中一衝高於二衝，或買進圖形中一衝低於二衝。
2. 賣出圖形中二衝高於三衝，或買進圖形中二衝低於三衝。
3. 賣出圖形中 C 低於 A，或買進圖形中 C 高於 A。賣出圖形中 B 不應高於 D，或買進圖形中 B 不應低於 D。
4. 三衝圖形形成時，延伸段超過 1.618，通常會導致圖形失敗。
5. 在這個圖形成形時，如果往既定趨勢的方向，尤其是在三衝快完成時，出現很大的價格跳空，則是這個圖形將無效的訊號，交易人應該等待頭或底獲得進一步確認，或者另一個圖形形成再說。

三衝圖形的重要特徵

三衝圖形和蝴蝶圖形類似的地方，在於它非常對稱。有三個對稱區有待研究和了解，以確認和成功交易這個圖形。

1. **價格對稱**。從 A 到二衝和從 C 到三衝，兩個邊形狀中的價格應該對稱。
2. **時間對稱**。三衝圖形有近乎完美的對稱性，上漲波段或下跌波段由數目大約相同的時間條柱構成。如果時間條柱不完全相同，它們應該接近費波納奇比率，可以將每一邊的時間條柱數目相除而計算出來——例如， AB 有 5 根時間條柱， CD 有 8 根時間條柱（5÷8 =.625）。
3. **視覺對稱**。這個圖形用肉眼看起來應相當美觀。不對稱或者必須花很大的力氣才看出來的三衝圖形，應該以懷疑的眼光看待。所謂花很大的力氣，是指市場技術人員試著將不存在的圖形，硬說成根據這一章圖形結構一節所說的元素而存在的圖形。如果看起來不對稱，很可能是無效圖形。

三衝圖形的心理學

所有的圖形都由群眾心理形成。研究是什麼因素形成任何特別的圖形，既有趣且具教育意義。三衝圖形的心理面略微不同，因為必須有三個頭或底，才能完成這個圖形，而大部分圖形都只有一個（雙重底和雙重頂偶爾有兩個）。多頭在市場的頭部最為樂觀，空頭在市場的底部最為悲觀，這是自然現象。當這種事情發生，這些頭部和底部通常伴隨著數量極多的新聞報導，充滿過度的樂觀情緒或悲觀情緒。

三衝圖形走過一個延伸的過程：市場吸引在頭部太早進場的新買家或放空者之後出現好幾波，以及吸引在低點進場的新賣家或者太早進場的新買家。這個圖形通常在最後一位買家買到頭部和最後一位賣家賣到底部時出現最後一波。這個時候，市場看起來絕對最為看好後市，或者最為看壞後市。最後一次推高或者壓低形成市場的最後一段走勢，幾乎就像丟燙手山芋的遊戲。市場剛把最後一顆燙手山芋傳給最後一位市場參與者，然後改變方向。

市場方向改變後，上升趨勢中，低於最近波段低點的每個新低點，都有更多的多頭掉進陷阱。相反的，高於上個波段高點的每個新高點，都有更多的空頭掉進陷阱。這件事本身可以添增漲勢或跌勢的燃料。通常要到新的趨勢行進得相當穩健之後，新聞媒體才會改變方向。

交易三衝圖形

正如我們在本章稍早說過的，三衝圖形可能是趨勢的反轉，或者修正的一部分，也就是市場的走勢暫停，之後會恢復原來的趨勢方向。

交易格局 #1 中的三衝買進圖形是趨勢的修正走勢。交易格局 #2 使用的實例是個反轉。交易格局 #3 則是失敗的三衝圖形。請特別注意交易格局 #3 的走勢圖，並且注意沒有標示出來的失敗圖形有多難在走勢圖上察覺。

▌ 交易格局 #1：三衝買進圖形
▌ 市場：QQQ 日線
▌ 股數：200 股

圖 7.3 所示的三衝買進圖形完成點落在 1.618 的水準。這是由一衝到二衝的前一個 1.618 所決定，從二衝到三衝又重複。雖然時間條柱數目不相同，却很接近費波納奇比率，圖形的第一條邊有 6 根下跌條柱，第二條邊有 10 根下跌條柱（6÷10=.60）。

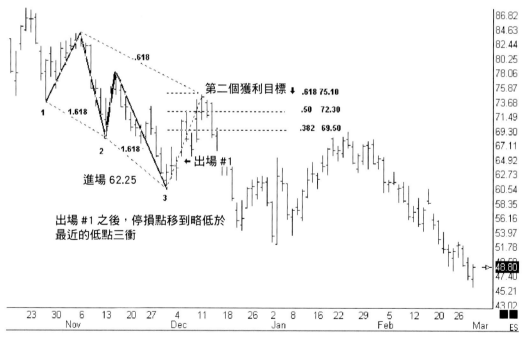

圖 7.3 NASDAQ-100（QQQ）日線圖交易格局 #1 中的三衝買進圖形　此為下跌趨勢中的修正走勢，而非反轉圖形。

這筆交易的風險很小，因為完成點在 1.618。進場點為 62.25，停損點可以設為每股 2.00 美元，訂在 60.25，略低於最近的低點。

無風險交易 第一個獲利目標在 64.25，等於風險，停損點可以上移到略低於最近的波段低點 60.40。我們的假設是，由於停損點略低於最近的低點，市場如果走到那一點，等於告訴我們這個圖形是失敗的圖形。

這筆交易將下落後停損單。交易人必須記住這是日線圖，並允許市場漲跌，給它足夠的空間，落後停損單不要跟得太緊。這個例子中，市場確實漲到 .618 的第二個價格目標。這個特別的三衝圖形後來證明只是個修正走勢，市場從 .618 轉而向下，並且創下新低。雖然這筆交易是在下跌趨勢中的修正走勢而非反轉走勢中執行，還是獲得非常不錯的利潤，達 14.75 美元，而且風險很低。

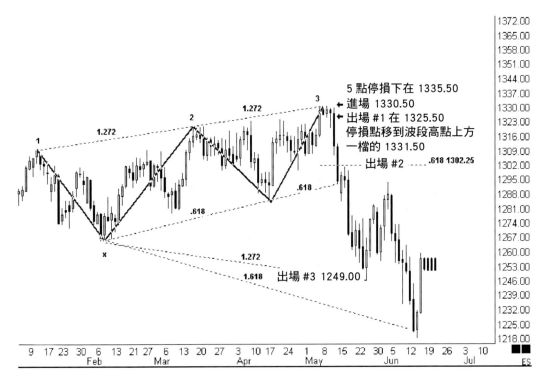

圖 7.4 E-mini S&P 500 日線圖 三衝賣出圖形結果是個市場反轉，利用三批出場策略，交易人能有更大的獲利。走勢跌破 .618 趨勢線，給交易人發出訊號：應該將第三個獲利目標設在 1.272 的延伸水準。

交易格局 #2：三衝賣出圖形
市場：E-mini S&P 500 日線
合約數：3 口

在這筆交易實例中，我們使用先前的交易中用過的三批出場法。任何一筆交易要交易多少股或者多少口合約，一定是由交易人根據他的交易計畫和資金管理計畫去決定。這個格局的特性，有利於採用三批出場法，理由如下：

1. 延伸圖形屬於反轉圖形時，使用延伸出場點可以獲得較大的利潤（參見圖7.4）。

2. 有多個圖形正在形成：兩個蝴蝶賣出圖形、多個 AB=CD 圖形、一個三衝圖形。交易人永遠不知道市場會不會反轉，但有那麼多圖形和比率進入一個完成區，所以可能值得冒險規劃三批出場。請參考圖 7.5，可以發現好幾個圖形在這張走勢圖中形成。

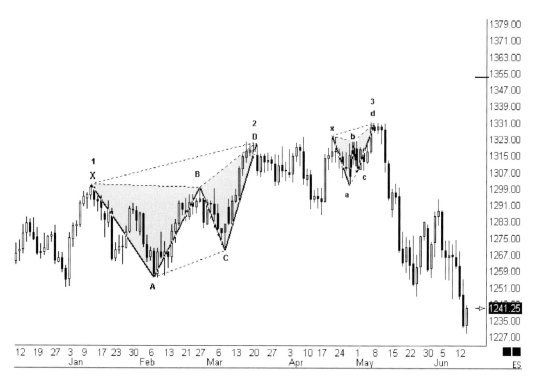

圖 7.5 E-mini S&P 500 日線圖　此圖頭部附近，多個圖形正在形成和完成。有兩個蝴蝶圖形、多個 AB=CD 圖形，以及一個三衝賣出圖形。

這個賣出圖形的進場點是在 1.272 的折返水準。圖 7.4 顯示二衝和三衝都在 1.272 完成。你可以看到市場以這些比率形成的自然趨勢線。也請注意圖 7.4 中，這個圖形形成時，.618 折返水準的位置。這將是觀察市場是否跌破這裡 的重要水準，因為它也形成一條趨勢線，而這向交易人發出訊號，應該嘗試 賺取更多的利潤。

進場點訂在 1330.50，停損點為 5 點，下在 1335.50。這筆交易如果將停損點 下在 1.618 以上，風險太大。如果停損出場，交易人可以在 1.618 水準或附 近尋找另一次進場的機會。

無風險交易 第一個獲利目標是 1325.50，等於這筆交易的初始風險 5 點（見 圖 7.4）。這筆交易是在日線圖上執行，第一個獲利目標在進場後三天達成。 當日沖銷交易人每天都會出場，並在市場達成第一個獲利目標之前或價格持 續走高時，於停損區之外尋找新的進場點。

一旦達到第一個出場點，設在 1335.50 的初始停損點便移到波段高點 1331.50 上方一檔。第二個獲利目標是在 1302.25 的 .618 折返水準。一旦達 到這個目標，可以下落後停損單以保護利潤。圖 7.4 顯示第二個獲利目標拉 出一根長寬全距條柱。交易人在這一點會想要監視市場是否進一步下跌，並 且確定第三次出場的最佳水準。

在形成這個圖形的 .618 折返水準處的趨勢線一旦跌破，給交易人的獲利目 標，是從標示為 X 的點到三衝頭部的 1.272 延伸水準處。這個獲利目標約在 1248.25，交易人應該遮蔽出場點，以確保成交。

這筆交易在日線圖上獲利 114.75 點，當然是罕見的全壘打交易。由此可見， 交易人需要保持耐性，放手讓巨額利潤累積和達到價格目標，並且願意持有 部位過夜，因為這筆交易用了 13 個交易日，才達到第三個獲利目標和出場。

我們會在第 8 章談折返圖形時，再回頭探討這個特別的圖形。

交易格局 #3：失敗的三衝賣出圖形
市場：黃金期貨
合約數：2 口

這筆交易格局（如圖 7.6 所示）最後是停損出場，每口合約損失 5.00 美元，總損失是 1,000 美元。在你研究圖形時，失敗的圖形總是比較難以看出來，即使事後也一樣，因為價格走勢會使它們顯得模糊。

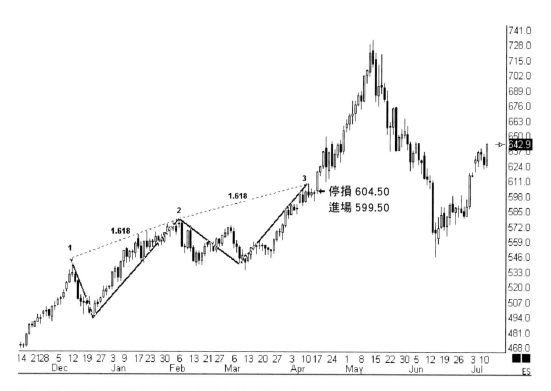

圖 7.6 黃金期貨日線圖的失敗三衝賣出圖形　前面說過這句話，但在看這張走勢圖時值得再說一遍：停損單一定要讓它成交。

圖 7.7 顯示沒有畫價格圖形的同一張走勢圖。你可以了解在這張走勢圖上找到三衝圖形有多難。黃金價格在失敗的三衝進場點之後，每盎司上漲超過125 美元；你下的停損單永遠必須讓它成交。

圖 7.7 沒把失敗的三衝賣出圖形畫出來的黃金期貨日線圖 研究走勢圖時，看出失敗的圖形總是比較難。

【實戰心法】
市場方向改變後，上升趨勢中，低於最近波段低點的每個新低點，都有更多的多頭掉進陷阱。相反的，高於上個波段高點的每個新高點，都有更多的空頭掉進陷阱。這件事本身可以添增漲勢或跌勢的燃料。

【投資小叮嚀】
務必學習如何保護你的營運資金，如此才能捲土重來，繼續交易。
Learn to protect your working capital so that you can come back and trade another day.

第 8 章

折返進場和多個時間框架

費波納奇比率也可應用於折返進場交易。
用於折返進場最常見的費波納奇折返比率
是 .382、.50、.618、.786。

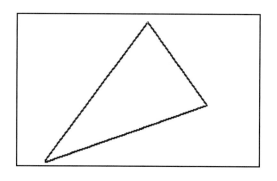

折返進場有幾個目的。例如,如果錯過了初始進場點,可以使用它們,或者
可用於往趨勢的方向重新執行一筆交易,或者部位加碼操作。

本章要介紹我們用於圖形辨識研究的兩種折返進場圖形:
1. 費波納奇折返圖形。
2. 開盤價折返圖形。

我們已經在第 5 章談過賈特利「222」圖形;請溫習那一章利用賈特利「222」
圖形為折返進場格局的部分。第 10 章談 S&P 500 市場趨勢確認時,會討論

趨勢類的折返進場方法。對當今的技術面分析者來說，折返圖形不是新東西。但是研究它們，會在交易人的市場知識中，增添另一項寶貴的工具。

這一章結束時，我們會談如何運用多個時間框架。這是使用技術面分析的每個交易人，研究和學習圖形的必要工具。

費波納奇折返進場

到目前為止，我們已經談過 AB=CD、賈特利「222」、蝴蝶和三衝圖形；它們都以費波納奇比率架構起來。費波納奇比率也可應用於折返進場交易。用於折返進場最常見的費波納奇折返比率是 .382、.50、.618、.786。這些相同的費波納奇比率也可用於獲利目標和下停損點，如同本章的交易範例所示。

費波納奇折返進場不同於賈特利圖形的一大特徵是，它們不包含 AB=CD 圖形。圖 8.1 是 .618 折返買進和賣出圖形。

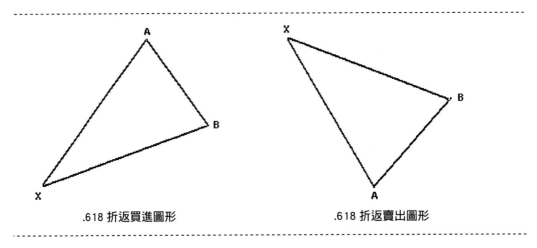

.618 折返買進圖形　　　　　　　.618 折返賣出圖形

圖 8.1 費波納奇折返買進和賣出圖形　費波納奇折返圖形看不到 AB=CD。

費波納奇折返圖形架構

如圖 8.1 所示，費波納奇折返圖形只有兩條邊。第一條邊標示為 XA，第二條邊標示為 AB。X 是這個圖形的起點，B 是完成點。X 通常始於那個時間

框架最近波段的高點或低點，但是和賈特利圖形一樣，可能使用已確立趨勢中的波段。見圖 8.2，一根長寬全距條柱是個警告訊號。

圖 8.2 E-mini S&P 500 的 5 分鐘走勢圖　這個範例中，右邊的圖形有根長寬全距條柱是個警告訊號。

折返類圖形提供交易人一個優勢，也就是不必試著去挑頭部或底部──只要往趨勢的方向進場交易就行。

分析不含 AB=CD 的費波納奇折返圖形時，一個經驗法則是：形成圖形的兩條邊中，條柱的數目可用於分析。一般情況下，交易人會看到數目相同的條柱，例如 6 根上漲條柱，接著是 6 根下跌條柱（見圖 8.3 的範例），或者兩條邊的條柱數目會呈費波納奇比率而形成圖形。例如，如果圖形的第一條邊由 8 根條柱構成，那麼交易人會想看到第二條邊由 8 根條柱形成，或者由那個數字的費波納奇比率形成，例如 5 根條柱。這會在時間上產生 .382、.618 或 .786 的折返。

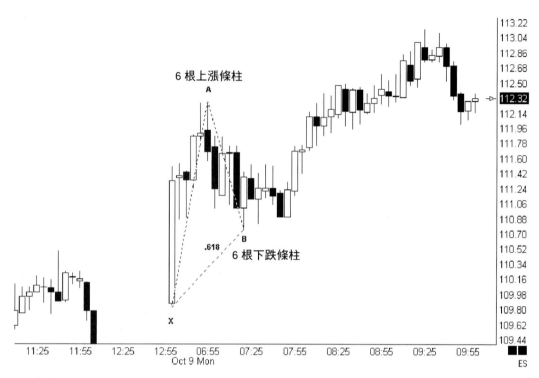

圖 8.3 動中研究公司（Research In Motion Limited；RIMM）5 分鐘走勢圖　此圖顯示由 6 根上漲條柱，然後是 6 根下跌條柱形成的折返圖形。完成點在 .618 折返水準。

當這些時間比率和價格比率合在一起，便是甘恩所說的價格和時間平方，而這正是幾何三角的描述。交易人不要太執著於確切的條柱數目；走勢圖上可能有一個圖形非常接近那樣的描述，雖然不是十分精確，却完全可以接受（見圖 8.4）。你只是拿條柱數目作為指引，不是看絕對值。交易人需要留意的是先看到 XA 邊有 10 根條柱，接下來 AB 邊只以 2～3 根條柱形成，因此必須提高警覺。這是個警告訊號，表示人氣可能發生更強的變化，導致圖形迅速完成。交易人不妨等候另一個圖形形成，或者某種類型的持續性出現，才進場交易。

這樣的警告訊號，和第 4 章到第 7 章所說的相同。請溫習那些章節，熟悉哪些警告訊號會使圖形失效，或者提醒交易人等待進一步確認。更多詳細資訊請見第 11 章「警告訊號和確認訊號」一節。

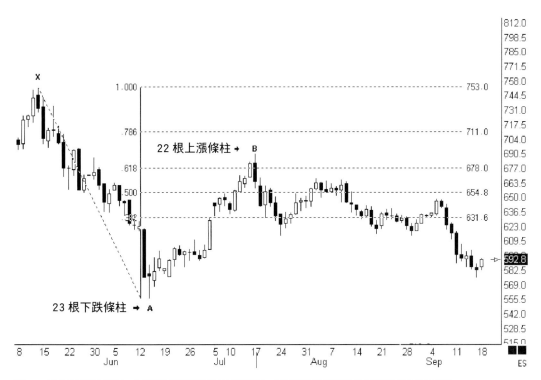

圖 8.4 黃金期貨日線圖　此圖顯示時間條柱數很接近，但不是剛好相等的費波納奇折返圖形。

交易費波納奇折返圖形

本節要以費波納奇折返圖形進場為主題，觀察三個交易範例。第一個交易範例是費波納奇折返賣出圖形，第二個是買進圖形。接著一個則是失敗的買進格局。

交易格局 #1：折返賣出圖形
市場：INTC
股數：200 股

圖 8.5 所示的交易中，就在 .618 的進場水準之前不久，有一根長寬全距條柱。這提醒交易人要等待 .786 或者確認動能已經減慢再採取動作。交易人

使用 .786 作為這筆交易的進場點，風險／報酬格局絕佳。進場點訂在 27.45
美元，保護性停損單下在略高於 X 點的 28.90 美元。這筆交易用到 200 股，
總風險為 290 美元。

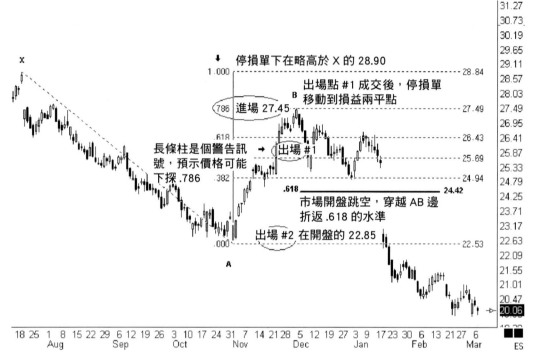

圖 8.5 英特爾公司（Intel Corporation；INTC）的這張日線圖折返賣出格局是筆非常好的交易 市場以開盤大
幅跳空向下的走勢，協助交易人往第二個獲利目標邁進。

無風險交易 第一個出場點獲利金額等於停損單，也就是每股 1.45 美元。市
場在四天內到達第一個獲利目標。第一個出場點到達之後，停損單接著移到
損益兩平點。

市場從 AB 邊出現很大的開盤跳空向下，穿越 .618 的折返水準，並且提供
交易人在 1.00 水準的 22.55 美元附近出場的機會。市場上有句老話說：「每
當市場送你錢，收下就是。」

替代交易管理 我們在前面的交易範例中曾經提出替代交易管理的建議。本
例的替代交易管理方式，是交易人在這個時點，可以視風險狀況和市場經驗

為何，選擇下落後停損單，試著獲取較大的利潤。如果交易人有張單子在市場中，等著在 .618 的折返水準出清交易的第二部分，他會因為開盤向下跳空而成交，價格在那一天的開盤價附近。

遇到這類情況，另一個考量和可能的替代交易管理型式，是在像這樣的大幅跳空之後，將停損單移動到略高於開盤後約 20 到 30 分鐘的當天最高價。使用這類交易管理方式，如果開盤跳空後股價轉而急漲，仍會讓交易人的第二部分交易以不錯的利潤出場。但如果股價在開盤跳空後進一步下跌，交易人將有機會賺取更多的利潤。

交易格局 #2：折返買進圖形
市場：QQQ
股數：200 股

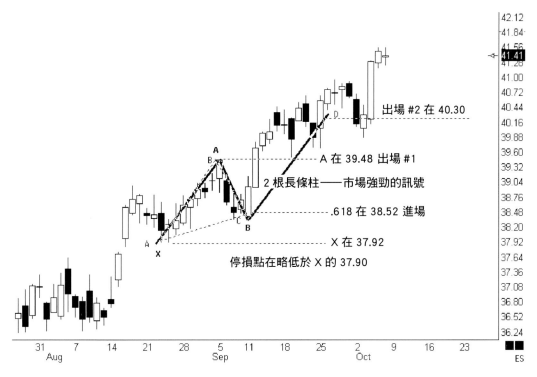

圖 8.6 NASDAQ-100（QQQ）日線圖折返買進格局　畫面完美的折返交易

這是畫面近乎完美的格局和交易；如果所有的格局和交易都像這樣就好了！這筆交易的風險很低，將停損點下在略低於 X 的地方。進場點是在 .618 折返水準的 38.55 美元，停損單下在 37.90 美元，總風險是每股 65 美分，或者這筆交易共 200 股，承受的風險是 130 美元。

如果你研究圖 8.6，你會注意到市場轉而向上時的長條柱。這將有助於我們確定第二個獲利目標。這也提醒交易人注意到市場可能從這個折返圖形，往趨勢的方向締創新高。看得出來，趨勢是向上。

無風險交易 第一個出場點是在 39.45 美元（委託單遮蔽在 A 點下方幾美分處）。停損單接著可以上移到損益兩平點。第一獲利目標達到後，市場輕而易舉就突破到新高。我們現在有個無風險的交易，可以讓市場向上走到第二個獲利目標。在這個例子中，由於我們在長條柱中看到上衝動能的早期跡象，所以我們會使用圖 8.6 中，可以看出正在形成的 AB=CD 圖形中的 D 點。這一點的第二次出場是在 40.30 美元。這個圖形的進場點不錯，風險却低，當然是一筆能夠獲利的交易。

替代交易管理 交易人解讀市場動能的知識和市場技巧，將影響他們如何管理交易。就這筆交易的例子來說，技術熟練、經驗豐富的交易人可能讀出市場的上漲動能，並且往上移動一部分交易的停損點，試著賺取更多的利潤。隨著交易人的經驗日益豐富，他們的交易技巧和能力將與時俱進，可能會察覺市場中什麼時候適合按兵不動，等候更多的利潤落袋。

交易格局 #3：失敗的折返買進圖形
市場：E-mini S&P 500
合約數：2 口

這個折返圖形（見圖 8.7）的進場點是在 .618 折返水準的價格 1355.50，停損單設在略高於 X 的 1358.25，總風險是每口合約 2.75 點或 137.50 美元。初始進場後，市場開始轉而向下，跌向第一個價格目標，但只到 1354.50 就止跌回漲，並使得這筆交易停損出場，產生虧損。交易停損出場後，市場接

著回跌，掉回接近初始進場點。交易人沒辦法預判這種發展，所以管理交易，控制損失的最好方式，是始終使用停損單。務必記得：發生這類事情，是交易的一部分。

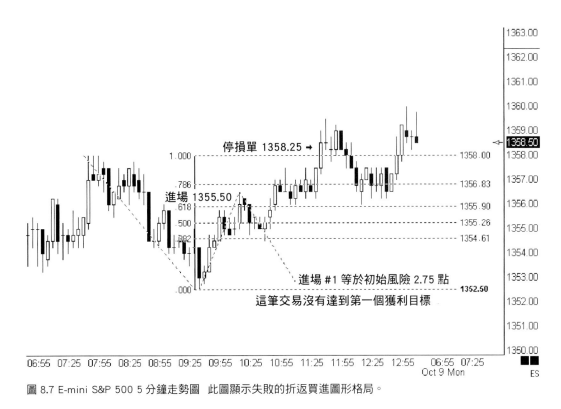

圖 8.7 E-mini S&P 500 5 分鐘走勢圖　此圖顯示失敗的折返買進圖形格局。

開盤價折返格局

開盤價折返圖形可用於當日沖銷交易股票，或者使用較長的時間框架建立部位或在原有的部位加碼操作。我們只在股票使用開盤價格局，不用在其他市場。這個概念很簡單：超過 60% 的時候，開盤價會接近當天的高點或低點——根據裴薩文托和佩吉 ‧ 麥凱（Peggy MacKay）寫的《開盤價原理》（The Opening Price Principle），也就是在當天高價或低價 20% 的範圍內。

理解這個格局的最好方法，是研究走勢圖並記下某個時間框架中的開盤價，

以及收盤價相對於開盤價落在哪裡。開盤價似乎像塊磁鐵；為什麼會有這種事情，我們不完全清楚。一個理論說，交易人和投資人從前一個收盤價到思索隔天的委託單之間，有 16 到 18 個小時，而且他們下的委託單會在接近隔天開盤的地方。

使用開盤價折返格局，很重要的一點是只使用當天的開盤價，不用前一天的開盤價或收盤價；它們是無關緊要的。對當日沖銷交易人來說，這個方法是個簡單的概念，風險很容易量化，正如我們在前面的折返交易格局看到的。簡單的說，如果價格高於開盤價，作多交易獲利的機率高於 60%；反之，如果價格低於開盤價，放空交易獲利的機率超過 60%。

開盤價折返交易的市場格局

交易人如果要使用開盤價折返格局，必須注意幾個特定的標準才展開交易。這些標準包括：

- 特定股票開盤後 30 到 60 分鐘的價格高於或低於開盤價。
- 高於或低於開盤價，折返 .618 或 .786。
- 沒有警告訊號的格局（見第 11 章）。
- 停損點和風險水準可接受。

舉個使用開盤價折返執行作多交易的例子來說。交易人留意一支股票開盤後 30 到 60 分鐘的交易價格是不是高於那天的開盤價，然後尋找從開盤後的低點到現在當天的高點，折返 .618 或 .786 的水準作為進場點。交易人必須能夠下可接受的停損點，才接受那筆交易（參考圖 8.8）。在 .618 或 .786 的折返水準進場，目的是讓交易人的這筆交易能往開盤價的方向執行。交易成功的機率對交易人有利。反之，對放空交易而言也是對的；交易人會在開盤後的高點到當天的現在低點，折返 .618 或 .786 的地方進場賣出，而在市場中往開盤價的方向操作。

我們可以使用 5、15、30 或甚至 60 分鐘的時間框架──只要交易人用起來安心就行。我們將使用 5 分鐘的走勢圖，說明這個格局的交易例子。

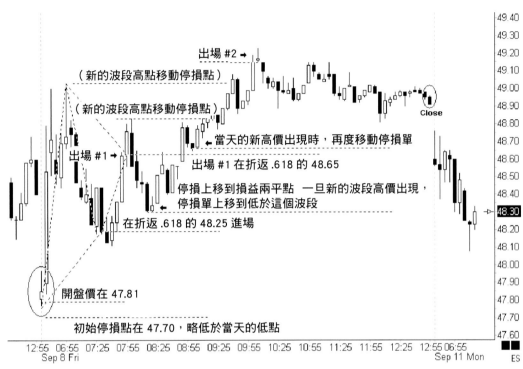

圖 8.8 桑達克斯公司（Centex Corporation；CTX）5 分鐘走勢圖　顯示作多的開盤價折返交易格局，請注意開盤拉出的長寬全距條柱，製造出理想的格局。

交易開盤價折返格局

交易格局 #1：開盤價折返買進格局
股票：CTX
股數：200 股

這個開盤價格局的作多進場點是在折返 .618 的 48.25 美元。停損單下在略低於當日低點的 47.70 美元，總風險是每股 55 美分或 110 美元。在說明這筆交易的圖 8.8，你可以看到從開盤拉出一根長寬條柱。這是特別理想的格局；長寬條柱顯示動能向上，而且這筆交易的折返進場應該會在 .618 提供支撐，風險很低。

無風險交易　第一個獲利目標是從第一個波段的高點到第一個折返的低點，

第一次折返 .618 的地方。這個例子中，出場 #1 是在 48.65 美元，停損單接著上移到損益兩平點。如果交易人願意的話，可以將停損點移到略低於進場折返的第一個波段低點。我們要指出，這筆交易是當日沖銷交易方法，如果辦得到，交易人不希望他的部位吐回獲利。將停損點移動到損益兩平點，會使交易人擁有一個無風險部位，卻有進一步獲利的空間。你必須研究圖 8.8，並且觀察這筆交易如何管理。執行當日沖銷交易時，市場一給機會，務必盡快取得無風險交易，並在有利潤可得時，落袋為安。做這件事的最佳方法，是擬定詳細的交易計畫，並且養成習慣，在第一個獲利目標達成的時候，盡快移動你的停損點。

見圖 8.9，蝴蝶賣出圖形的形成，有助於交易人確定第二個獲利目標。如果交易人的風險管理和資金管理計畫允許，分三批出場也是個選擇，只要他或她覺得這是管理這筆交易的最好方式。

出場 #2 是在蝴蝶賣出圖形的 1.27 延伸水準和完成區的 49.20 美元。

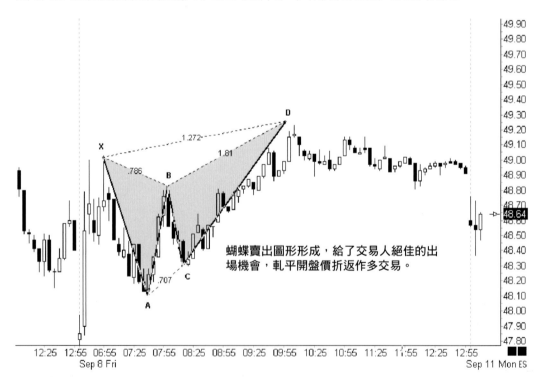

圖 8.9 桑達克斯公司（Centex Corporation；CTX）5 分鐘走勢圖　此圖顯示蝴蝶賣出圖形有助於交易人確定第二個出場點。

交易格局 #2：開盤價折返賣出格局
股票：GS
股數：200 股

我們選這個交易範例，說明交易管理的重要性，並且點出不是每個開盤價折返交易都是大贏家。這個例子也將作為我們的替代交易管理範例。

和第一個開盤價範例一樣，這張走勢圖在開盤後拉出幾根長寬全距條柱。市場繼續向下走，然後回漲，形成 .618 折返，提供進場放空交易的機會。這筆交易的進場點是在折返 .618 的 148.90 美元。初始停損單下在略高於當日高點的 149.75 美元，總風險是每股 85 美分或者 170 美元。

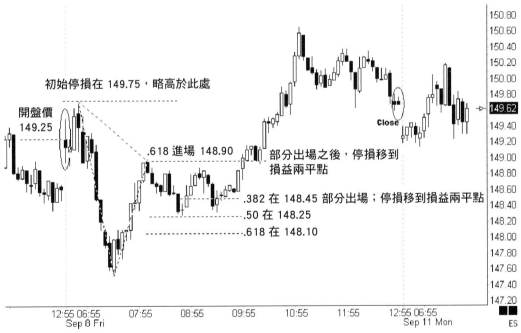

圖 8.10 高盛集團（Goldman Sachs Group；GS）5 分鐘走勢圖　此圖顯示開盤價折返賣出格局在交易停損出場前，提供一點小利潤。

在圖 8.10，進場後，價格向下折返到 .382 和 .50 的折返水準。當日沖銷交易人在這兩個水準之一，部分出場，然後將停損單移到損益兩平點，是相當可行的作法。在這個特別的例子中，這筆交易在停損出場前，會獲得一點小小

的利潤。我們沒辦法事先確定市場可能從哪個折返水準反彈，而且需要由交易人決定這筆交易的風險和獲利目標。最好時時謹記在心：當日沖銷交易人是為了短期利潤而交易，一有利潤，落袋便走。

這個例子中，在 .382 的折返水準部分出場，結果本來會因為停損出場而發生虧損的這筆交易，獲利 45 美分。

交易格局 #3：失敗的開盤價折返賣出格局
股票：AA
股數：200 股

這個格局有個開盤向下跳空和長寬全距條柱，表示走勢會進一步向下。但是正如股票和市場經常會有的表現那樣，它們有不同的想法。進場點在 .618水準的 27.35 美元，停損點在 27.60 美元，總風險是每股 25 美分或總共 200股 50 美元。

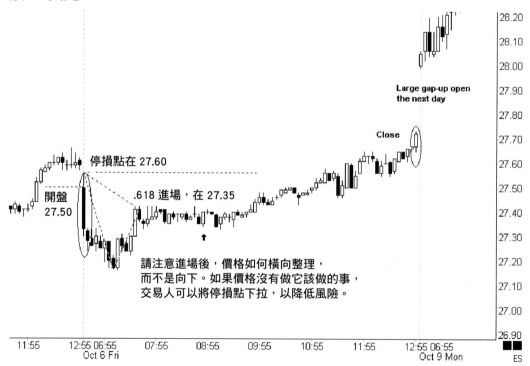

圖 8.11 美國鋁業公司（Alcoa；AA）5 分鐘走勢圖　此圖顯示失敗的開盤價折返賣出格局。

這筆交易停損出場，發生虧損。請注意圖 8.11 的走勢圖中，進場交易之後，市場如何橫向盤整，而不是走向折返水準；交易人如果判斷市場沒在合理的時間內做它該做的事，可以把停損點移得更近一點。交易人沒辦法預見這件事，所以最好的作法是永遠要使用停損單管理交易，控制損失。這類事情是交易的一部分。

多個時間框架

本節要討論使用多個時間框架，並且以幾個走勢圖範例，說明可以如何使用它們。交易人使用多個時間框架，可以收集的資訊十分寶貴，而且可用於展開進場交易、適當的時候退場觀望，甚至協助下停損單。

使用我們所說多個時間框架的其他好處包括：

- 允許交易人微觀更大的時間框架，反過來證實交易人原來所做的交易分析是否正確。這就像在使用備份圖形和微調進場動作。一個例子是在 60 分鐘走勢圖上看到某個圖形後，利用 5 分鐘走勢圖確認進場點（見圖 8.12 到 8.14 的範例）。
- 結合不同的時間框架，風險可以管理得更有效。交易人在較大的時間框架上看到完成的圖形後，可以學習在較小的時間框架上移動停損點。
- 使用從較大到較小的多個時間框架，可以協助交易人注意較小時間框架上和較長期時間框架上形成的相反或對立圖形。

交易人務必先看較大的時間框架，對所研究的市場或股票取得全面的觀點，然後向下移動到較小的時間框架。許多交易人使用多個時間框架的不同組合——週線圖和日線圖、日線圖和 60 分鐘走勢圖、15 分鐘走勢圖和 5 分鐘走勢圖等等。有些交易人使用所有的時間框架，而且當然是從最大的時間框架看起，然後一步步看較小的時間框架，直到最短的時間框架。這是個人偏好和經驗的問題。

提醒一句話：這個過程不要倒轉過來，也就是不要在 5 分鐘走勢圖等短時間框架上進場交易、規劃出場，然後移動到日線圖。交易人在為當日沖銷交易而設計的短時間框架上執行交易而發生損失，切記不要轉而觀察較長期的走

勢圖，希望找到好轉的跡象，並且試著將那筆交易改成部位交易（position trades）。部位交易應該依部位交易計畫進場交易，當日沖銷交易（day trades）則應該根據當日沖銷交易計畫進場交易。

使用多個時間框架管理風險的例子與費波納奇折返格局

使用費波納奇折返格局加上多個時間框架，是個自然的組合。交易人時常在較大的時間框架上遇到一個已經完成的圖形，並且觀察到交易已經朝著預期的方向走；交易人現在需要找到進場交易的點。使用費波納奇折返水準，然後縮小到較小的時間框架，是以那種方式進場交易的極佳方法。圖 8.12 的 Google 股票 60 分鐘走勢圖中，蝴蝶圖形形成並且完成。

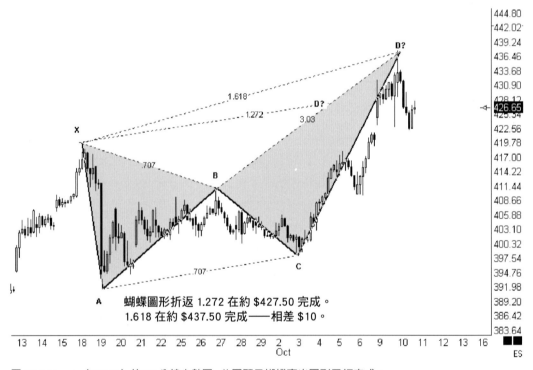

圖 8.12 Google（GOOG）的 60 分鐘走勢圖　此圖顯示蝴蝶賣出圖形已經完成。

看圖 8.12，蝴蝶的 1.272 延伸並沒有守住，圖形是在 1.618 完成。現在來看 5 分鐘走勢圖，顯示 1.272 的價格水準是在每股 427.50 美元左右。如果交易

人已經使用較低的時間框架在那裡進場，他將能用停損單管理那筆交易的風
險，然後再次使用 5 分鐘走勢圖，在 1.618 重新進場交易。參考圖 8.13 以研
究 1.272 的價格水準。

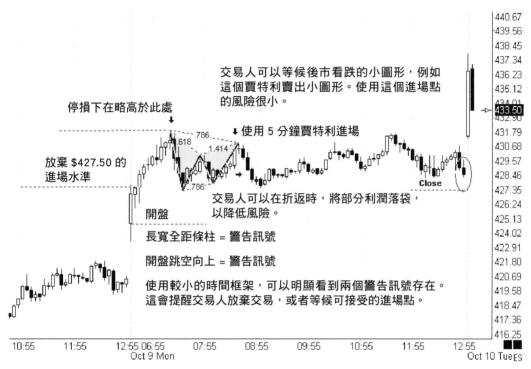

圖 8.13 Google（GOOG）5 分鐘走勢圖 凸顯 60 分鐘蝴蝶圖形上落在 1.272 完成點的價格 $427.50。

微觀這個 60 分鐘圖形，要注意的第一件事，是有個開盤跳空向上和長寬全
距條柱存在。兩者都是警告訊號，提醒交易人放棄那筆交易，或者等候另一
個可接受的進場點。5 分鐘走勢圖上，那一天的市場形成 5 分鐘賣特利賣出
圖形，指出有進場機會存在。交易人能以非常低的風險，進場交易價格非
常高的股票。使用 5 分鐘的小圖形和將停損點下在略高於當天高價的這筆交
易，風險約為每股 2.00 美元。

5 分鐘賣特利圖形折返時，部分利潤可以落袋，而如果持有部位過夜，停損
點可以保持在初始位置。持有到第二天早上，這筆交易將停損出場，損益兩
平，或者發生很小的損失。

如果交易人接著想在 60 分鐘蝴蝶圖形的 1.618 完成水準展開另一次進場動作，5 分鐘走勢圖可用於協助交易人。見圖 8.14，微觀 1.618 的進場點。

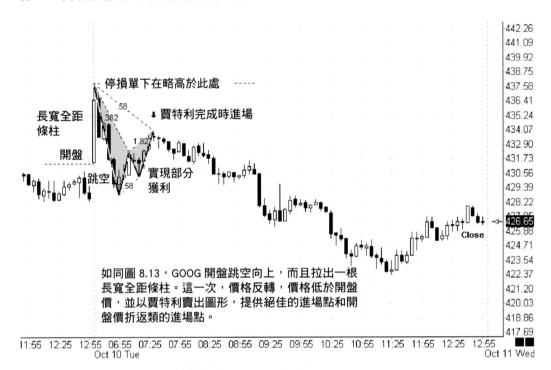

圖 8.14 在 Google（GOOG）5 分鐘走勢圖　微觀 60 分鐘蝴蝶賣出圖形 1.618 完成區的交易進場點。

交易時，你往往必須多次嘗試進場交易，以取得更大的利潤。以這種方式重新進場交易時，學習使用各種技術以管理風險很重要。圖 8.14 中，GOOG 開盤跳空向上，而有一根長寬全距條柱。這一次，價格反轉，走勢低於開盤價。一旦價格形成 5 分鐘賈特利賣出圖形和開盤價折返賣出圖形，便提供極佳的進場交易機會，風險很低。這筆交易的停損單下在略高於當天高價的地方，風險大約只有每股 3.00 美元。

交易人接著可以降低交易風險，在等於或者接近這筆交易風險金額的 .618 折返水準，將部分利潤落袋，讓自己處於無風險的交易中。如果執行當日沖銷交易，交易人會在一天之末結束交易。如果交易人是根據較長期的 60 分鐘走勢圖執行部位交易，停損單將持續有效，而且交易人接著會根據 60 分鐘走勢圖折返，使用較大的獲利目標，並下落後停損單以保護利潤。

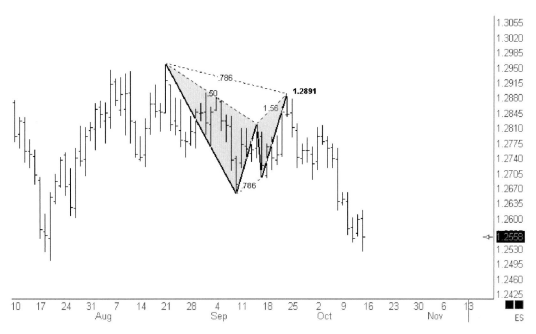

圖 8.15 歐元日線圖　有一個賈特利「222」賣出圖形

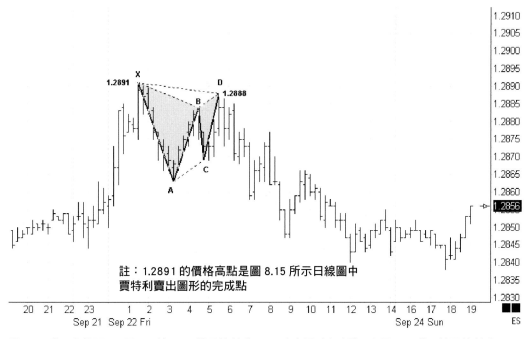

圖 8.16 歐元走勢圖　此圖顯示的 15 分鐘賈特利「222」賣出圖形完成點，和圖 8.15 的日線賈特利「222」賣出圖形相差幾檔（pips）。

多個時間框架中多個圖形完成

現在來看看多個時間框架中，多個圖形在大約相同的價格區完成的例子。請參考圖 8.15 和日線時間框架中的賈特利「222」賣出圖形。接下來我們會更仔細觀察圖 8.16 和在 15 分鐘走勢圖上相同價格區形成與完成的另一個賣出圖形。

日線賈特利「222」賣出圖形的高點 D 是在 1.2891，15 分鐘 D 完成點是在 1.2888──在較大時間框架的幾檔（pips）之內。當多個圖形形成密集的支撐或阻力價格水準區，交易人可以使用這個資訊進場交易、下停損單和設定獲利了結目標。

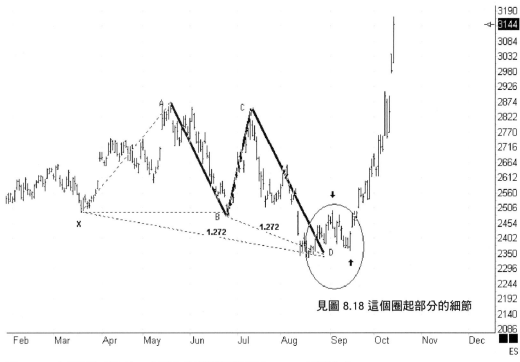

圖 8.17 玉米日線圖 顯示有一個很大的看漲蝴蝶圖形和 AB=CD 圖形完成

多個時間框架的對立圖形

這一章的最後一個例子告訴你玉米的日線圖（圖 8.17）和玉米的 30 分鐘走勢圖（圖 8.18）可用於提醒交易人注意對立的價格圖形。

玉米日線圖（圖 8.17）顯示一個較大的蝴蝶圖形和 AB=CD 圖形，完成點在 D。請注意這張走勢圖上圈起來的地方。仔細觀察，你會看到買進圖形完成之後，有個賣出賈特利「222」圖形形成，而且在這個圖形出現之後不久，又有另一個賈特利「222」買進圖形。圖 8.18 顯示 30 分鐘走勢圖上這兩個圖形十分清楚的細節。

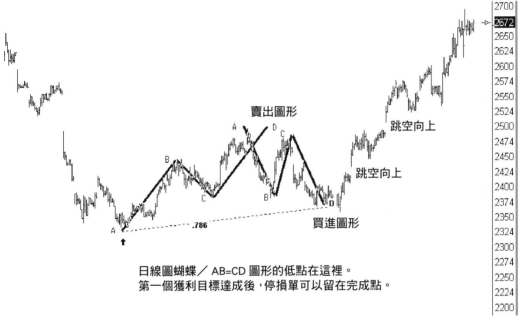

圖 8.18 玉米 30 分鐘走勢圖 顯示兩個對立的賈特利「222」圖形已經形成。其一是賈特利「222」賣出圖形，另一是賈特利「222」買進圖形。

這兩個相互衝突的圖形所提供的資訊，可以有幾種運用方式：

● 假設交易人在進入大蝴蝶／ AB=CD 買進圖形之後，已經將部分利潤落袋，並且根據較大的時間框架圖形，研判更大的波動，交易人便可以藉觀察 AB=CD 賣出圖形是否創下新低而管理這筆交易的風險；如果是的話，蝴蝶買進圖形會被視為失敗的圖形。下在日線蝴蝶圖形完成低點的停損單，可以維持在那個水準，而且交易人的這筆交易將以小額利潤停損出場。一旦交易人見到賈特利「222」賣出圖形因為創下高於那個圖形 X 點的高價而失敗，交易人接著可以上移停損單以保護利潤。由於這個

例子中，交易人是以日線圖等較大的時間框架操作，所以不要把停損單移得太接近，讓市場有足夠的空間波動，以及使用走勢圖上表示圖形會失敗的點，是十分重要的事。

- 對於選擇在圖 8.18 交易賈特利「222」賣出圖形的交易人來說，另一件要注意的重要事情，是可以根據已經完成，因此獲利高得多的較大時間框架圖形，密切管理這筆交易的風險。處於這種情況的交易人，會想要知道如何使用停損保護，並且勤於設定獲利目標。

- 賈特利「222」買進圖形也在 30 分鐘時間框架上形成，給錯過原始進場點的交易人絕佳的進場機會，而且風險可量化，停損水準是利用日線蝴蝶／ AB=CD 圖形的 X 點。

- 交易人也可使用賈特利「222」買進進場，在正在交易的市場中，於現有的部位加碼操作。交易人的交易計畫和風險管理與風險參數，一定要包括現有部位加碼操作。這類交易也必須落在交易人的技能和市場知識水準的範圍內。

也請注意圖 8.18 中，走勢圖右側的跳空向上區。這些肯定表示市場人氣有了相當大的轉變，而使用這個資訊，對作多的交易人有利——因為價格可能走高，抱牢部位是個好主意。相反的，它提醒放空的交易人：市場已經發出警告訊號，要他們收緊停損點或者軋平交易。

我們已經談過使用和解讀多個時間框架所給資訊的幾個領域。交易人永遠應該留意自己所交易的任何市場或股票的較大時間框架和整體市場之狀況，並且學習結合各個時間框架，以改善自己的交易技巧。

【實戰心法】
折返類圖形提供交易人一個優勢，也就是不必試著去挑頭部或底部──
只要往趨勢的方向進場交易就行。

交易人使用多個時間框架，可以收集的資訊十分寶貴，而且可用於展開
進場交易、適當的時候退場觀望，甚至協助下停損單。

【投資小叮嚀】
控制損失的最好方式，是始終使用停損單。務必記得：發生這類事情，
是交易的一部分。
The best way to manage trades for loss control is always through the use of
stop-loss orders. These types of occurrences are a part of trading.

第 9 章

典型的技術面分析圖形

一根條柱形成的原因無關緊要；重要的是一段期間內，多根條柱形成之後彼此的關係，產生了重複出現的特殊圖形。技術面分析者學會判讀這些條柱形成的圖形，並在圖形形成，提供交易機會時，採取適當的行動。

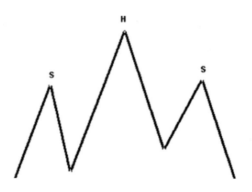

自有技術面分析以來，典型的技術圖形就在所有的時間框架和所有的市場中一再出現。幾個世紀以來，這些圖形沒有改變，是挺有趣的一件事。它們真的反映群眾心理。我們將在本章介紹三個典型的技術面分析圖形，並且告訴你可以如何應用費波納奇比率。許多時候，你會看到圖形的結構以確切的費波納奇比率形成。將費波納奇比率添加到這些圖形，能給交易人額外的工具，去抓進場時間和控制風險。

我們會說明雙重頂和雙重底圖形、頭肩圖形，以及擴大頂和擴大底圖形。這三個圖形最早見於夏貝克（R.W. Schabacker）寫的《股票市場理論與實務》（Stock Market Theory and Practice；B.C. Forbes, 1930）一書。我們將從結構上觀察這些圖形如何形成，以及從交易的角度切入，探討如何進場交易、下停損單，以及利用一些走勢區以反轉部位。由於一些最好的交易機會，來自失敗的圖形，所以這些圖形一旦失敗，也肯定如此。

技術面分析簡史

使用走勢圖以監視價格波動的技術面分析，歷史至少可以上溯 1000 年，而且首見於日本人的紀錄。他們用稻米作為量數，以確定供給和需求。19 世紀末到 20 世紀初，我們看到一種進化過程發生，傑西・李佛摩（Jesse Livermore）、賈特利、甘恩、理查・威科夫（Richard Wyckoff）、理查・夏貝克、拉爾夫・艾略特（Ralph Elliott）、查爾斯・道（Charles Dow）、喬治・柯爾等偉大的技術面分析師，以及其他不計其數的人，投入寶貴的時間到技術面分析這門藝術、科學與技能，結果掀起一場技術革命。特別值得一提的，是他們做的不少事情都是靠手工完成。當時沒有電腦能夠計算移動平均線和立刻叫出各種時間框架的走勢圖，也沒有許多指標和過濾器可資應用。這些先驅用雙手精心繪製走勢圖，仔細指出他們觀察到的市場現象，然後加以測試，以及作為理論與交易策略去應用。這些技術人員是出色的市場觀察者。今天許多出色的交易人仍然每天手繪走勢圖，好像那是日常儀式不可或缺的一部分。市面上有人提供收費服務，供應約 50 檔精選個股的日線圖或週線圖，但這和我們今天享用的即時資料，當然不可同日而語。

在經濟大蕭條的那些年頭，甚至第二次世界大戰期間，很少有技術面分析方面的印刷資料可用。早在《華爾街日報》之前，美國南北戰爭後約 10 年，報紙就開始刊登金融新聞。隨著通訊技術的進步和改善，透過自動收報機行情紙帶、電傳打字機和電話以取得金融資訊，也變得更加容易。有些人應該還記得 1960 年代末和 1970 年代初，使用芝加哥期貨交易所（Chicago Board of Trade）和芝加哥商業交易所（Chicago Mercantile Exchange）行情紙帶的情型。

隨著網際網路和家用電腦的普及，金融資訊相關通訊產業和技術面分析程式爆炸性成長。不管是專業人士，還是技術面分析新手，都能取用即時資料和載有各種指標與測試能力的畫圖套裝軟體。

多年來，金融圈視技術面分析有如怪力亂神，認為不值得在想要認真賺錢時考慮。傑克・史華格（Jack Schwager）寫的《金融怪傑》（Market Wizards）一書，訪問了馬帝・史華茨（Marty Schwartz）等當代一些十分出色的交易人。這些書籍出版，才逐漸驅散那些迷思。史華茨將技術面分析當作交易策略的核心。史華格在訪問史華茨時，問到他從基本面分析者轉型為技術面分析者的過程，史華茨的回答清楚指出，在他使用基本面9年之後，改採技術面分析才致富。

正如這一章開門見山提到的，直到最近，學術界才（經由它的研究）肯定技術面分析確實有效，以及特定圖形會一再出現，交易人有機會藉之獲利。

技術面分析基礎

技術面分析的一切都始於單條柱走勢圖。這張條柱圖畫在顯示時間和價格的 x 軸與 y 軸上。價格條柱代表所有買家和賣家在那個時間框架的總和。每一根價格條柱都給我們很多資訊：

- 條柱的高價。
- 條柱的低價。
- 條柱的開盤價。
- 條柱的收盤價。
- 條柱的時間框架。

交易量也包含在條柱的形成之中。一根條柱形成的原因無關緊要；重要的是一段期間內，多根條柱形成之後彼此的關係，產生了重複出現的特殊圖形。技術面分析者學會判讀這些條柱形成的圖形，並在圖形形成，提供交易機會時，採取適當的行動。

雙重底和雙重頂圖形

夏貝克指出，雙重底（Double Bottom）圖形是一種重要的走勢圖形狀。這種圖形可以在大空頭市場的底部看到，而且是個反轉圖形，表示市場處於進貨階段。雙重頂（Double Top）圖形則正好相反；它也是反轉圖形，可以在大頭部看到，表示市場處於出貨階段。這兩種圖形也可能是一個已經確立的較長期趨勢的中間圖形。

所有時間框架的價格走勢圖上，雙重頂和雙重底圖形被看到的數量相當多。雙重底有時被人稱作 W 底，因為外形像字母 W。這可能是新手技術面分析者最常注意到的圖形之一。作為反轉圖形，它的力量非常強大。如果是在股價指數走勢圖上發現到這個圖形，那麼許多指數採樣股有可能會形成相同的圖形。

雙重底圖形範例

檢視圖 9.1 的道瓊股價指數雙重底圖形，你會看到用箭頭顯示的下跌長寬全距條柱。它們通常指出價格會進一步下跌，但第二次向下試探時，低點守住，市場轉而向上，拉出一根上漲長條柱，明確表示動能已經轉變。由於這種動能轉變，在價格接近 .618 折返水準時，試圖放空的交易人，會按兵不動，等候進一步證實，並且使用非常緊的管理停損點，或者轉而尋找作多交易的進場點，而這或許能在較小的時間框架上找到。

市場的工作是盡可能愚弄許多參與者，而從這個例子，可以明顯看到它的確這麼做了。這個圖形是在道瓊工業股價指數寫下 12,000 點以上的歷史新高之前形成的。當市場愚弄許多參與者，它會使交易人和投資人措手不及。本來放空的人根據長寬全距條柱，相信價格會持續走低。這一來，他們被迫回補空頭部位，或者套牢後痛苦地看著虧損愈滾愈大。這會給這個圖形添增上漲動力。

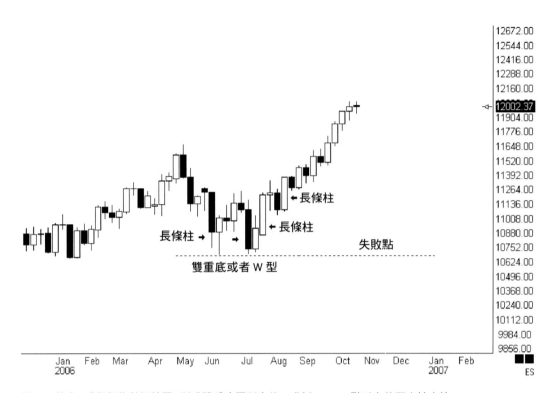

圖 9.1 道瓊工業股價指數週線圖　形成雙重底圖形之後，升抵 12,000 點以上的歷史性高峰。

也請注意圖 9.1 中，第一個底部形成後出現的條柱數目。向上折返大約有 3 根上漲條柱，然後是雙重底的第二條邊大約是 3 根下跌條柱。如同本例所示，當時間比率的長度相等，圖形通常更為重要。甘恩首先在 1920 年代描述這個概念，稱之為同等時間現象（equal time phenomenon）。這是描述對稱的另一種方式。

尋找趨勢線索

我們可以在圖 9.2 更仔細地觀察道瓊指數在圖 9.1 週線圖清晰可見的圖形到底發生了什麼事。我們將檢視圖 9.2 的一些蛛絲馬跡，精明的交易人可以用它們判斷潛在的早期趨勢反轉走勢。我們可以在圖上看到第二個低點輕輕掠過雙重底圖形的第一個低點，然後反轉。第二個低點出現之後，長寬全距條柱開始往上形成，如圖 9.2 中箭頭所示。形成的第一個折返圖形，只能折返

到 .382 的水準。這件事加上上漲的寬全距條柱，預示會有趨勢出現。我們
將在第 10 章談 S&P 500 市場的趨勢辨識時，介紹確認趨勢的方法。

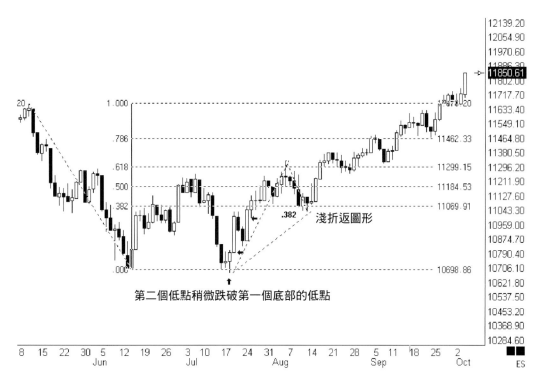

圖 9.2 道瓊指數日線圖的雙重底圖形　在這張走勢圖上，可以看到第二個底部的價格輕輕掠過低點之後反轉。

在趨勢環境中管理反趨勢交易

交易人有時會發現自己所做的交易違反趨勢。一發現這件事，或者懷疑某個
發展中的趨勢對自己不利，交易人務必使用交易管理技術，以控制交易的風
險和保護任何已有的利潤。我們在圖 9.3 中，可以看到價格確實從 .618 水準
反轉向下，而且走勢大到足以提供交易人利潤。價格跌到 .382 折返水準時，
應該獲利了結，並將停損單移到損益兩平點。這麼做，符合非常重要的兩個
交易原則：

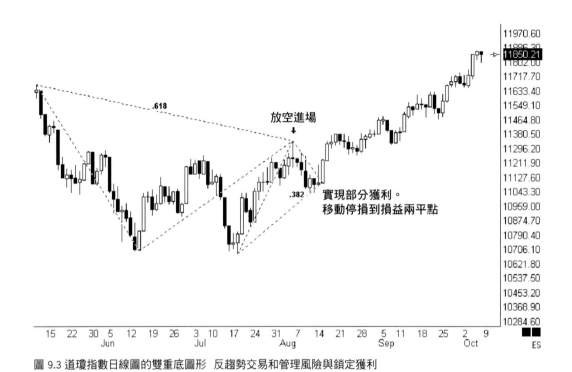

圖 9.3 道瓊指數日線圖的雙重底圖形 反趨勢交易和管理風險與鎖定獲利

1. 鎖住利潤——永遠記住你交易是為了賺錢，不是證明你是對的。
2. 實現部分獲利後，向下移動停損到損益兩平點，以降低交易的風險和保護利潤與資本。

這種交易管理可以用到任何反轉圖形和交易人反趨勢交易時。

圖 9.4 顯示使用費波納奇比率移動停損單的一個實例。我們認為，如果價格超越 .786，它會漲得更高，到 1.00 或者到 1.272、1.618 等延伸比率。

雙重頂圖形範例

圖 9.5 中，原油市場的雙重頂圖形出現之後價格大跌。第二個頭的價格不完全等於第一個頭，但只差幾美分。市場一旦從第二個頭轉而向下，就會加快速度下跌。這可以從向下跳空和拉出長寬全距條柱明顯看得出來。交易人如果看到這些警告訊號，一定會想找進場點，順者那個趨勢和動能去操作。他們可以利用較小的時間框架找進場點。

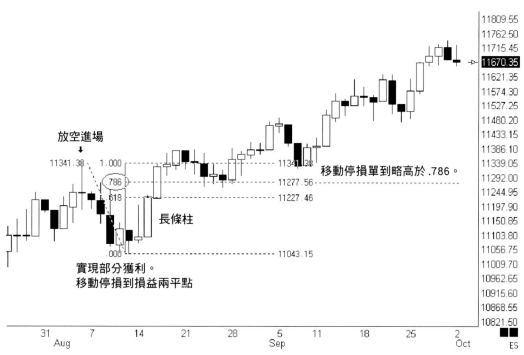

圖 9.4 道瓊指數日線圖上的雙重底圖形　使用費波納奇比率移動停損點和保護利潤，以管理反趨勢交易。停損單可以移動到略高於 .786。我們認為，如果價格超越 .786 的水準，它會漲得更高。

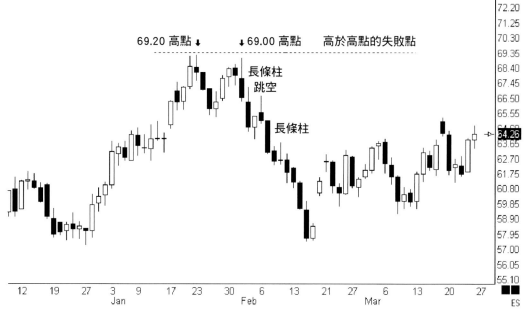

圖 9.5 原油日線圖的雙重頂圖形　兩個高點相距在 20 美分內。

圖形辨識

雙重頂和雙重底圖形應該一眼可見，而且外形好看。這些圖形的關鍵，是頭或底第二條邊的形成。雙重底圖形的第二個低點多跌一點點，或者雙重頂圖形第二個高點多漲一點點，並非不常見。因此，停損點會設在這些水準，或者略為超過的地方，市場一反轉，就會停損出場。回頭參考圖 9.2 看價格超越第二個低點的情型。控制風險和管理交易的相同原則，適用於雙重頂圖形和雙重底圖形。

失敗點

技術操作者務必留意任何技術圖形上的失敗點在哪裡。這方面的知識將有助於交易人將停損點設在適當的價格水準，以控制風險和管理交易。雙重頂圖形的失敗點是在圖形的高點。（請回頭參考圖 9.5）。如果價格反轉，回到那些高點，交易人會想要回補任何空頭部位，以及尋找作多的地方。交易人可以把停損買單下在略高於高點的地方，讓市場把他們拉進去交易。交易人可以用目測的方式在走勢圖上找點，或者根據金額去下停損單。

雙重底圖形的失敗點出現在價格反轉，回跌穿越低點的時候。交易人可以使用停損賣單，讓市場把他們拉進去交易，然後用目測的方式在走勢圖上找點，或者根據金額去下停損單（請回頭參考圖 9.1）。

頭肩圖形

頭肩（Head and Shoulders）圖形在結構上比雙重頂和雙重底複雜。這個圖形包含的波段較多，而且有時要接近完成才能確認。

一旦頭肩圖形形成時，可能呈現本書前面章節所談過的許多圖形——AB=CD、賈特利、蝴蝶、三衝和其他的延伸圖形——之組合。夏貝克表示，這個圖形是七個基本圖形之一。所謂基本圖形，是指具有預測價值的進貨或出貨反轉圖形。

這個圖形被稱作頭肩圖形，是因為在價格走勢圖上看這個圖形，結構呈現兩個肩和一個頭。圖 9.6 說明了頭肩圖形的基本要素。

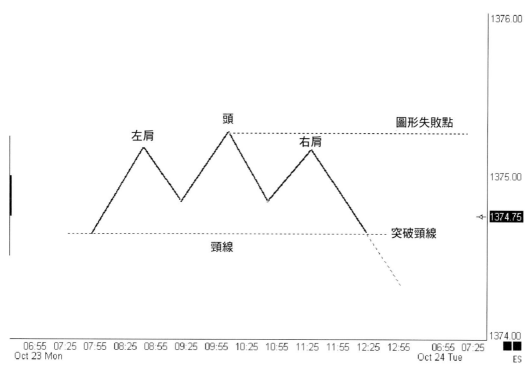

圖 9.6 頭肩圖形——基本形狀

應用費波納奇比率於頭肩頂圖形

我們來看一個頭肩頂（Head and Shoulders Top）圖形，應用到費波納奇比率，而且結構中有其他幾個圖形。圖 9.7 是 IBM 的日線圖，有個已經完成的頭肩頂圖形。你可以在這個例子中，看到左肩也包含一個蝴蝶圖形和一個 AB=CD 圖形。圈起來的地方可以看到一個雙重頂圖形。這個例子中，有幾個圖形進入相同的價格區，表示那裡可能是個頭部和反轉區。

左肩從 X 點由 A 到 B 的折返，高於 .786 的水準。這是要注意的重要事情，因為右肩相對於這一點如何形成，將在這個圖形的效度，以及它潛在的強弱方面，提供我們資訊，原因在於右肩是在高點或頭形成後的回轉圖形。這個反趨勢漲勢通常止於 .618 或 .786 的水準。當右肩的比率低於左肩，通常是後市遠為看跌的圖形。時間對稱也很重要，如果存在的話，會添增這個圖形的重要性。

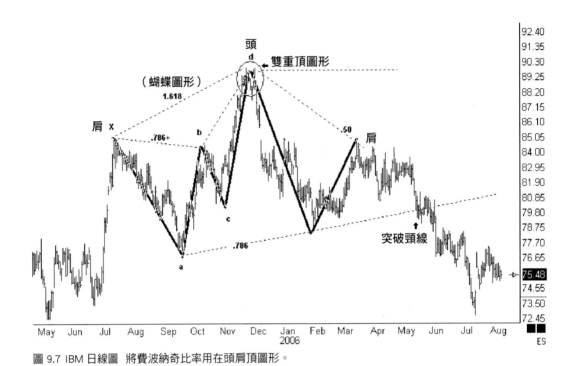

圖 9.7 IBM 日線圖　將費波納奇比率用在頭肩頂圖形。

交易頭肩頂圖形

有幾個方法可用於這個圖形的交易，第一個是交易人已經根據延伸圖形，例如圖 9.7 可以看到的蝴蝶和 AB=CD 圖形，或者可能從所形成的雙重頂圖形，而放空市場。這種圖形在完全形成後很容易看出，但是如同前述，要提早發現是比較困難些，至少在頂或頭完成，以及從那裡出現第一個向下回轉之前不容易看出。

我們假設如果交易人已經根據高點附近的其他圖形，在市場建立空頭部位，並有部分利潤落袋，接著可以開始留意前面說過的回漲走勢形成右肩的跡象。停損單可以下在損益兩平點或者只是放在先前的頭部高點，因為如果價格接著超過這個水準，圖形就歸於無效。如同前述，絕大多數交易人會留意走勢是否突破頸線以進場交易。因此，先前已經進場建立部位的交易人，會監視價格是否突破頸線，以求進一步獲利。

任何圖形都有失敗的可能，所以交易人也可以在頸線遭到試探或者跌破時，

將第二筆利潤落袋,並將停損點移到略高於最近的高點。圖 9.8 的範例指出如何設定停損點,以及頸線在何處跌破。從那一點起,如果價格進一步持續下去,交易人接著可以使用從 AB=CD 圖形的 AD 延伸 1.272 水準,或者從更大的波段拉出的費波納奇折返水準,賺取更多的利潤或者下落後停損單。

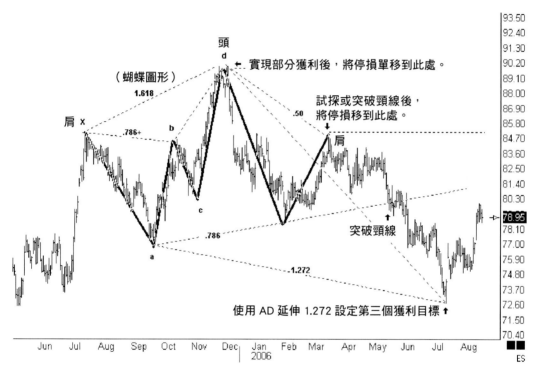

圖 9.8 IBM 日線圖的頭肩頂圖形範例　指出在價格到達頸線水準時移動停損點。AD 延伸 1.272 可以用來作為獲利目標。

要衡量這個圖形的獲利目標,另一個傳統方式,是量這個圖形的高度,然後從被突破頸線的價格水準向下投射。圖 9.9 就是這樣的例子。

交易人也可以使用停損賣單,在價格突破頸線進入這個圖形操作,也就是由市場拉你進去交易。交易人可以用目測的方式在走勢圖上找點,或者根據金額去下停損單。

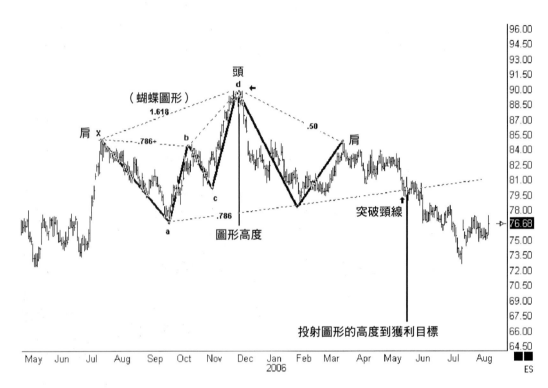

圖 9.9 IBM 日線圖的頭肩頂圖形範例　我們可以衡量圖的高度，然後從頸線的突破水準向下投射，當作獲利目標。

失敗點

這個圖形的失敗點就在略高於頭形成的地方。請回頭參考圖 9.6。在這一點，交易人會想使用停損買單作多。停損單可以用走勢圖目測點或者金額去下。失敗點和失敗圖形通常會在原始圖形的反方向產生力量強大的走勢。

頭肩底圖形

前面說過，這些圖形已經存在市場中幾個世紀之久，而且沒有改變，所以我們要藉這個機會，舉個重複出現的例子讓你看。圖 9.10 是 1928 年的頭肩底（Head and Shoulders Bottom）圖形。這是夏貝克 1930 年所寫《股票市場理論與實務》一書列舉的例子。

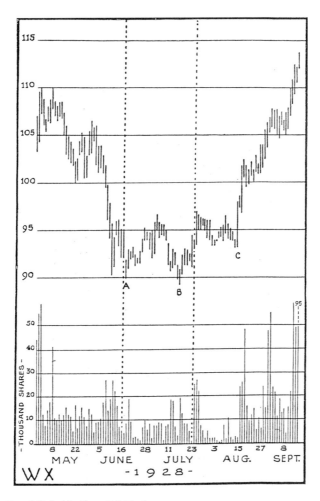

圖 9.10 摘自《股票市場理論與實務》的頭肩底圖形
資料來源：R.W. Schabacker, Stock Maret Theory and Practice (B.C. Forbes, 1930)。

這是西屋電氣（Westinghouse Electric）1928 年（也就是 1929 年股市崩盤之前）的走勢圖。圖中，A、B 和 C 分別標示這個圖形的左肩、頭和右肩（頭肩底圖形剛好是頭肩頂圖形倒過來）。如果刪除這張走勢圖中的標示和年份，那會和今天形成相同圖形的價格走勢圖難以區分。

在圖 9.10 的左側，可以看到 A 點或者左肩的底部有個 AB=CD 圖形形成和完成。左肩完成之後，一個小 AB=CD 賣出圖形接著形成，並且創下新低，完成頭的那一點。

一旦價格從標示為 B 的那一點或者頭的底部上揚，你可以看到幾根長條柱突破頸線，然後是個小 AB=CD 買進圖形，之後價格加速向上。BC 折返並沒有看到價格完全跌到 .618，也就是如同前述，完成頭和完成右肩時，展現了上漲的強勁力道。同樣的，這預示了動能移轉到向上。相同的交易技術和風險管理適用於 1928 年的這張走勢圖，正如適用於本書的其他任何走勢圖。

書頁下方的說明，指出這是不規則的頭肩底圖形。夏貝克談到這張走勢圖時說，從實際的市場史隨便挑選，絕對不會有一張圖呈現完美的形狀。他並不認為這個圖形十分完美，因為圖形的頭 B，並沒有低到可以再低的水準，而且右肩並沒有折返到可以折返的深度，而形成完美的頭肩圖形。我們認為，舉這個特別的例子說明這些不完美，既有趣又兼具教育意義。我們不常得到完美的圖形。交易人研究任何圖形的時間愈長，愈容易確認哪些不完美的圖形是可以接受的，並和無效的圖形區別開來。

失敗點

看到這裡，你大概已經知道這個圖形的失敗點。它低於頭完成的 B 點。如果價格反轉，創下低於那點的新低，圖形就會被視為失敗。一旦動能向上，開始產生更高的低點和更高的高點，精明的交易人甚至可以用低於 C（右肩完成）的點作為失敗點。

擴大頂和擴大底圖形

夏貝克認為韋特澤爾（A.W. Wetzel）首次公開確認有擴大頂（Broadening Top）和擴大底（Broadening Bottom）圖形的存在。夏貝克在他寫的《股票市場理論與實務》一書，稱這種圖形為預示走勢將有大變動的七個圖形之一。1929 年 10 月股市崩盤和隨之而來的空頭市場出現之前的第三季，許多股票都走出這種圖形。

這種圖形十分罕見，因此，夏貝克表示，它作為指標的重要性，不如比較常見的反轉圖形。但這並不表示在它形成時，不是力量強大的圖形。

威爾斯 · 懷爾德約 50 年後銷售這種圖形，稱之為反向點波（Reverse Point

Wave）系統。那時以 2,500 美元的價格賣給約 1,000 位交易人。賈特利 1935
年寫的《在股票市場中投資獲利》，稱之為 T6 擴大頂。

圖形結構

這種圖形的結構由 5 個反轉點構成。低點愈走愈低，高點則愈走愈高。圖 9.11
顯示 2000 年股價漲到高點和空頭市場隨之來襲之前，道瓊工業股價指數的
擴大頂形狀。

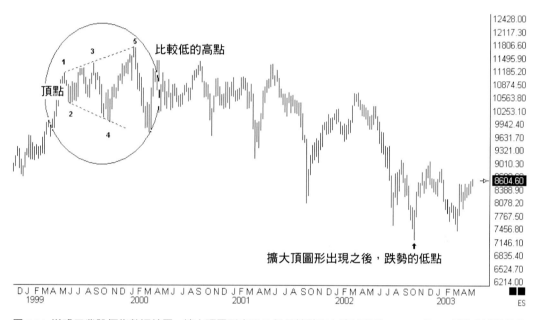

圖 9.11 道瓊工業股價指數週線圖　擴大頂圖形出現 5 個反轉點和左邊的頂點。1929 年 10 月股市崩盤前的
第三季，有許多股票形成這種圖形。

擴大頂和擴大底圖形其實就是三角和線圈圖形，而這是典型的技術面分析圖
形，表示市場來到舉棋不定的點，之後才往上或往下突破。它們也可能是在
趨勢中找到的持續類圖形。請參考第 10 章〈學習辨識趨勢日〉。這個圖形的
頂點是比較常見的傳統三角圖形倒轉過來。頂點在圖形的左側，而不是在右
側，並從那裡擴展。這個圖形有時稱作擴展三角圖形。

你可以在圖 9.11 看到第五點之後的跌勢走完，出現一波漲勢，可以視為第
六個反轉點，但是這波漲勢沒有超越第五點。這個較低的高點出現之後，表
示走勢反轉的機率很高。

加進費波納奇比率

我們可以使用費波納奇數字，定義大多數擴大頂和擴大底圖形中的波。圖形中的每個波，都透過這些數字而相互關聯。這種圖形最常見到和使用的費波納奇數字是 .618、.786、1.00、1.272 和 1.618。

圖 9.12 顯示圖 9.11 所用道瓊指數走勢圖的一部分，但加進費波納奇比率，以定義它的幾何結構。

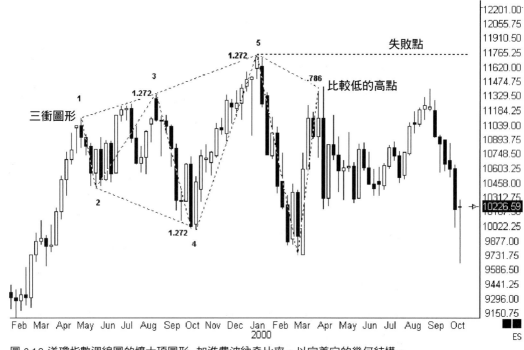

圖 9.12 道瓊指數週線圖的擴大頂圖形　加進費波納奇比率，以定義它的幾何結構。

這個圖形左側從第一到第三點形成一個 1.272 延伸圖形。你還可以看到三衝圖形形成，在這個擴大頂圖形的第三點完成。這個圖形的頭部，也有一個小 AB=CD 完成。第三點高於第一點。

從第二點到第四點，形成另一個 1.272 延伸圖形。這個圖形只稍微延伸超過 1.272。第四點低於第二點。最後一個 1.272 延伸圖形從第四點到第五點形成，而完成這個圖形。關於在第五點完成的最後一波，有件事要提一下：延伸到 2.00 的水準是可以接受的，但超過這個水準，表示市場處於強勁的趨勢中。

第五點之後出現的初始跌勢結束，價格轉而上揚，形成比較低的高點，可以稱它是第六點，但只從第五點的跌勢折返 .786。這個例子中，圖形非常對稱，幾個波都很容易識別。

擴大底圖形的形狀，和擴大頂圖形剛好相反（圖 9.13 是擴大底圖形的例子）。你可以在這個例子中看到玉米市場完成圖形後起飛，股價進入非常強勁的上升趨勢。

第一、三和五的低點沒有達到 1.272 的延伸水準——它們只是超越 1.00。這個圖形的對稱近乎完美。它在第一點和第三點之間，以及第三點和第五點之間，形成低點所花的時間幾乎相同，如圖 9.13 所示。

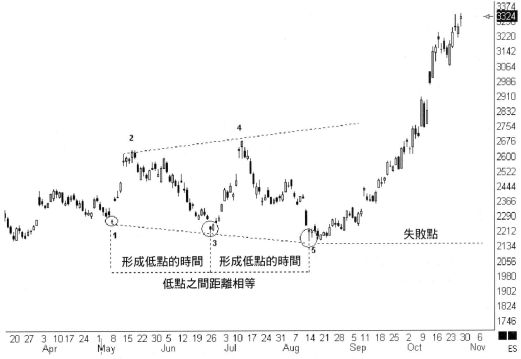

圖 9.13 玉米日線圖的擴大底圖形範例　雖然低點並沒有確實跌到 1.272 的延伸水準，低點之間的時間却幾乎相同。

失敗點

圖 9.12 和圖 9.13 都有將擴大頂和擴大底圖形的失敗點標示出來。這些圖形是在較長期時間框架的頭部和底部看到；它們也能在較小的時間框架中形

成，但是在較長期的時間框架中發現時，會發出大反轉的訊號。這在道瓊指數擴大頂圖形的例子中可以明顯見到（請回頭參考圖 9.12）。

這些圖形失敗時，它們可以往反方向（亦即往原始趨勢的方向持續進行）帶出爆炸的走勢。當第五點（應該是圖形的完成點）拉出寬全距條柱（通常是日條柱平均長度的二到三倍）或者出現價格跳空，大規模的持續走勢最有可能正在進行。如同以往，交易人交易這種圖形時，務必將風險量化和使用停損保護。

交易擴大頂和擴大底圖形

正如這個圖形的走勢圖範例所示，在擴大頂或擴大底圖形正形成時，看到其他的圖形也形成，並沒有什麼不尋常。圖 9.12 中，可以看到一個 AB=CD 圖形、一個 1.272 延伸圖形和一個三衝圖形。當交易人進入擴大頂或擴大底圖形去交易，可以使用其他任何這些圖形進場，以及我們討論過的任何停損點與獲利目標技術。

以圖 9.12 擴大頂圖形的例子來說，可以在初始回轉向下之後使用折返進場點，如果風險可接受，則停損單下在 .786 或 1.00 上方。另外，可以使用落後停損單，管理這筆交易的出場。

以圖 9.13 的擴大底來說，這個例子顯示折返不多；等待價格走到 1.272 水準以進場的交易人，會錯過這個初始進場點。交易人或許需要看較小的時間框架，尋找圖形以進場和下停損單。如果所交易的圖形是來自日線圖或週線圖等較長期的時間框架，那麼請記住這可能是個較長期的反轉訊號，你可能會想因此做好出場計畫。

如果任一圖形失敗，轉而向上或向下通過失敗點，交易人接著會想往那個失敗的方向尋找進場點。

雖然擴大頂或擴大底圖形比本書列舉的其他圖形少見，却是最可靠和獲利最高的圖形之一，絕對值得交易人花時間去研究。

【實戰心法】
擴大頂和擴大底圖形其實就是三角和線圈圖形，而這是典型的技術面分析圖形，表示市場來到舉棋不定的點，之後才往上或往下突破。

【投資小叮嚀】
永遠記住你交易是為了賺錢，不是證明你是對的。
Always remember you are trading to make money, and not to prove that you are right.

第 10 章

學習辨識趨勢日

趨勢日可以定義為開盤價開在當天的高價或低價，或者接近高價或低價，但是收盤價落在區間另一端的市場。如果交易人學會識別趨勢日，並且往趨勢的方向交易，便能轉虧為盈，趨勢會成為他們最好的交易日。

趨勢日很容易成為反趨勢交易人的最大損失日，因為他們一再試著反趨勢交易。趨勢日可以定義為開盤價開在當天的高價或低價，或者接近高價或低價，但是收盤價落在區間另一端的市場。有些交易人可能覺得接受反趨勢訊號是在做對的事，却想不到一再停損出場。只要遇到像這樣的一天，幾個星期，或甚至幾個月累積下來的利潤，可能一掃而空。這不只會在財務上傷害交易人，也有損交易人的思維。相反地，如果交易人學會識別趨勢日，並且往趨勢的方向交易，便能轉虧為盈，趨勢會成為他們最好的交易日。

這一章要介紹 E-mini S&P 500 市場中出現的趨勢日範例。我們選擇這個市場，有幾個理由；首先，這是當日沖銷交易人普遍交易的市場，第二，這個市場呈現的特徵，也可用於個別股票或其他市場。由於 S&P 500 指數共有 500 檔採樣股，所以我們可以推論如果指數出現趨勢，那個指數的絕大部分採樣股也會有趨勢。本書寫這章的主要目的，是協助反趨勢交易人注意趨勢何時存在，好在掌握充分資訊的情況下做出交易決定，幫助他們保護資本，以及學會往這個市場短期趨勢的方向去交易。

我們討論的層面有：

- 確認趨勢日。
- 在趨勢日發現的圖形。
- 在趨勢日結合不同的時間框架和使用費波納奇比率。
- 避免在趨勢日執行反趨勢交易和控制風險。
- 交易趨勢日的範例。

確認趨勢日

我們先定義趨勢的意思。上升趨勢是指高點愈高和低點愈高，下跌趨勢則是高點愈低和低點愈低（見圖 10.1 和 10.2）。趨勢可以在任何時間框架上顯現，不論是短或長，而持續期間較長的趨勢，會先在較短的時間框架上見到。強勁的趨勢，開盤價會落在或接近當日的低點或高點，收盤價則落在區間的另一端。

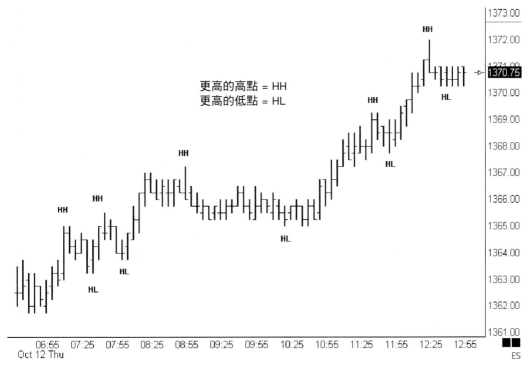

圖 10.1 E-mini S&P 500 市場短期 5 分鐘走勢圖上升趨勢的範例。更高的高點和更高的低點，定義了上升趨勢。在這樣一天，市場開盤接近低點，收盤則接近高點。

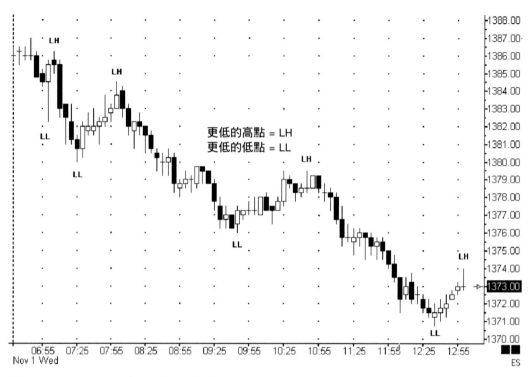

圖 10.2 E-mini S&P 500 市場短期 5 分鐘走勢圖下跌趨勢的範例。更低的高點和更低的低點,定義了下跌趨勢。和圖 10.1 剛好相反,市場開盤接近高點,收盤則接近低點。

當趨勢正在行進,認為價格漲得太高,所以應該放空,或者價格跌得太低,因此應該買進,絕對是錯的。價格總是可能比任何人預期的漲得更高或更低。趨勢日所占的百分率,遠低於區間日或反趨勢日。典型的交易月中,平均可能看到 2 ～ 5 個趨勢日。

當交易人是用 5 分鐘走勢圖等短時間框架進行交易,那就應該曉得趨勢可能在交易日的任何一點表現出來,而且在交易日的任何一點結束。換句話說,趨勢有時十分短暫。

圖 10.3 的價格走勢圖和圖 10.1 是同一段期間。圖 10.3 更為密實,給我們更多的資料去運用。這個例子中,可以看到市場開盤跳空向上。這告訴我們,價格處於失衡狀態。圖上的垂直線標示這一天的開盤價,左側是前一天的收盤價條柱。這裡要注意的重點是市場如何保住開盤跳空。圖 10.3 可以看到

市場如何保住跳空，價格沒有嘗試折返到跳空處填補真空。這是市場展現強勢的第一個跡象，預示這一天可能在醞釀上升趨勢。我們也可以在圖 10.3 看到箭頭指向一根長寬全距條柱創下這一天的新高；這也是趨勢日的早期指標。如果價格在長寬全距條柱創下新高之後，反轉回到跳空處，那麼很可能不會出現趨勢日。

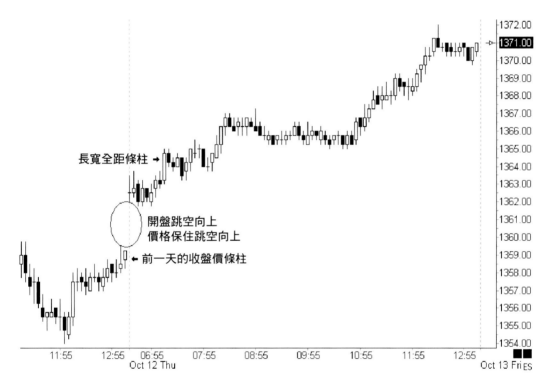

圖 10.3 E-mini S&P 500 市場短期 5 分鐘走勢圖上升趨勢的範例。價格保住了開盤跳空向上，沒有嘗試補空，長寬全距條柱創下當天的高點。這是市場展現強勢的跡象，並且預示上升趨勢可能正在醞釀之中。

市場走勢不是處於收縮之中（即在箱型區間交易），給我們反趨勢交易的格局，就是處於擴張之中，給我們趨勢。有三個市場傾向能夠提醒交易人注意趨勢日可能正在發展。

1. 區間縮小，稱之為 NR7，定義為過去 7 個交易日中最窄的區間。托比・柯拉貝爾（Toby Crabel）在《以短線價格圖形與開盤區間突破進行當日沖銷交易》（Day Trading with Short Term Price Patterns and Opening Range

Breakout；Traders Press, 1990）一書，首先提到此事。琳達 · 雷斯奇（Linda Raschke）也對以窄區間交易日領先趨勢日的特徵，做了深入研究。

2. 開盤跳空後在交易最初的 15 到 30 分鐘內拉出長寬全距條柱。

3. 市場收平盤，也就是收盤價和開盤價在同一區。

柯拉貝爾和雷斯奇就趨勢前的這些市場傾向，做了非常出色的統計研究。當趨勢日確實發展出來，如果所有的指數—S&P 500、道瓊工業股價指數、那斯達克和羅素（Russell）—趨勢方向都相同，它會是最有效的。上升趨勢中，每個趨勢日都會創下新高；反之，它們會在下跌趨勢創下新低。如同前述，這些指數的成分股，趨勢方向大多相同。如果交易人見到沒有參與趨勢的個股，應該把它們特別記下來，並且留意是否有圖形發展出來，而準備交易這些股票。另一方面，如果他們見到領先趨勢的股票，也可以記下那些股票，留意往趨勢方向出現的交易格局。

趨勢日發現的圖形

一旦交易人確定趨勢正在進行，他們會往趨勢的方向做出最好的交易。這些趨勢行進期間，往往會有一些特定的圖形出現。如同前述，最強的趨勢中，價格拉回的任何折返走勢很可能只達到 .382 的水準，其他的趨勢則是 .50。這些折返走勢可能有，也可能沒有 AB=CD 圖形，而且交易人可能想要看到盤整式圖形形成，並且使用反覆修正的大小，決定進場交易的時間。在趨勢日發生的大部分修正或拉回都很淺。最強的趨勢往往會修正 1.25 到 3.5 點。一般情況下，趨勢中的任何修正或拉回，不會超過 5.5 點。但是高度波動的環境則例外，修正可能超過 5.5 點。視波動的程度為何，修正可能達 8-15 點或更高。這能幫助交易人在趨勢日交易時下停損點。

我們將側重討論這兩個趨勢日圖形：

1. AB=CD 修正

2. 盤整圖形

趨勢日的 AB=CD 圖形

大部分盤中趨勢會看到至少一個小 AB=CD 圖形形成，給交易人進入趨勢的

低風險進場機會。如同前述，修正走勢傾向於很淺，而且形成的小 AB=CD
圖形，往往會折返到 .382 或 .50。在真正的趨勢日，一旦趨勢正在行進，它
們通常不會折返到 .618 或 .786。圖 10.4 在 5 分鐘走勢圖的交易日中，有兩
個 AB=CD 圖形形成。第一個圖形不會折返到 .618。請注意修正的大小：4.5
點。趨勢日的修正，大小往往非常類似。在非常強的趨勢日，如果趨勢加速，
修正會變得更淺。我們很少使用 .382 或 .50 折返水準尋找進場交易點，趨勢
却是這種時候之一。

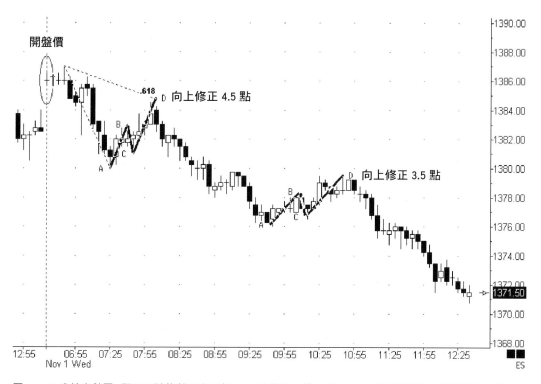

圖 10.4 5 分鐘走勢圖　顯示下跌趨勢日有兩個 AB=CD 修正，第一個 AB=CD 修正圖形是在開盤後不久形成，
並且折返到 .618。

在交易日稍後形成的第二個 AB=CD 圖形，比第一個 AB=CD 修正少一點，
為 3.5 點。請注意圖 10.5 的折返，是使用 1386 的開盤價，而不是實際的波
段高點去計算。在趨勢日，價格傾向於從開盤價折返到 .382 的水準。通常
會有一個 AB=CD 圖形使用開盤價折返到 .382。注意這一點，可能有助於交
易人判斷進場交易的時間。

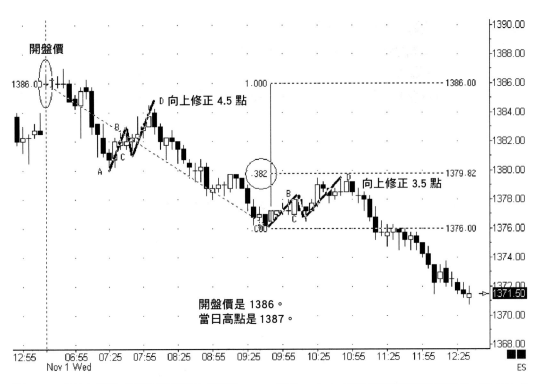

圖 10.5　5 分鐘走勢圖　顯示下跌趨勢日有兩個 AB=CD 修正。AB=CD 圖形使用開盤價而非高價，在 .382 水準完成。

趨勢日盤整圖形

雖然 AB=CD 圖形是趨勢日的一種盤整圖形，盤整圖形也可以在沒有 AB=CD 的情型下形成。上升趨勢中多頭氣衰，或者下跌趨勢中空頭氣衰，可能形成這些圖形。三角圖形也可能以盤整圖形的型式出現。即使是非常強的趨勢，也說不定有橫向式的盤整。

圖 10.6 中，趨勢日始於開盤跳空向上。價格沒有嘗試填補跳空區，而是只做了 1.75 點非常淺的折返，然後創下當天的高點。接下來的長條柱只修正 2.75 點，顯示市場力道強勁。使用開盤價來算，第二次修正 2.75 點，折返不到 .382。

請注意第三次只折返 2.0 點；這次折返很淺，價格陷入盤整，被視為橫向修正。市場再一次告訴我們，這波向上走勢力道強勁，趨勢可能持續到收盤。

如果你仔細觀察走勢圖上的第四次修正，可以看到有個小 AB=CD 修正僅 2.5 點。這是強勁上升趨勢中另一個很淺的修正。

一旦交易人看到相同區間的修正一再出現，他們可以利用這件事，判斷盤整圖形的進場時間。對下跌趨勢日來說，這些傾向是相同的。

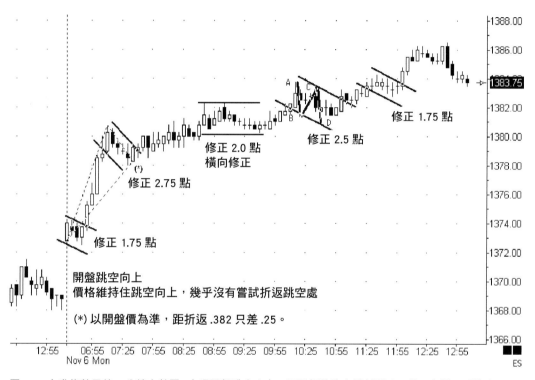

圖 10.6 上升趨勢日的 5 分鐘走勢圖　市場開盤跳空向上，而且價格沒有填補跳空；修正很淺且重複出現。

趨勢日的費波納奇比率

大體而言，當 5 分鐘走勢圖等短時間框架出現整個交易日有趨勢在行進之中，交易人會需要了解比較高的時間框架週期內的走勢。市場通常會根據比較大的時間框架，行進到較高或較低的水準。請參考圖 10.7，注意這張 60 分鐘走勢圖虛線矩型內的 7 根條柱，相當於圖 10.6 所示趨勢日的價格走勢。從這張 60 分鐘走勢圖，可以清楚見到動能有多強。我們看到開盤跳空向上，也看得到價格如何在費波納奇折返水準回轉。

162

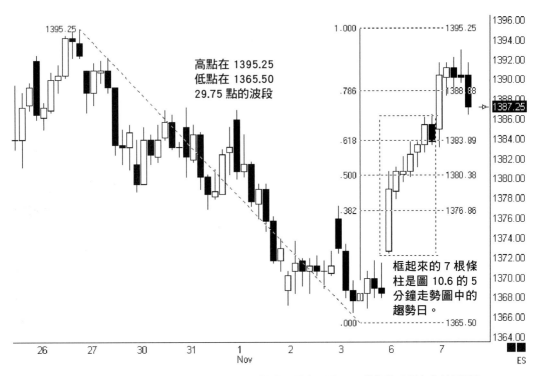

圖 10.7 60 分鐘走勢圖　從圖中顯示較大的週期如何幫助交易人；圖 10.6 的趨勢日框在虛線矩型內。

在圖 10.7 第一個 .382 折返水準，有一根長寬全距條柱，毫無阻力，輕而易舉就越過這個水準。圖 10.8 以有趣的特寫方式，將 60 分鐘時間框架的折返水準用於 5 分鐘的走勢圖，觀察價格走勢。我們可以看到，當價格在開盤跳空向上後不久抵達 .382，沒有遇到阻力就穿越 .382 的價格水準。這個走勢就是在圖 10.7 的 60 分鐘走勢圖看到的第一根長條柱，而且，在圖 10.8 細分成 5 分鐘的時間框架中，可以看到相同的長條柱。價格接著上漲到 .50 的水準，在那裡也一樣沒有遇到什麼阻力。

這個資訊非常有價值，因為它告訴我們價格處於趨勢中，使用 60 分鐘的時間框架，可能至少到達較大的 .618 或 .786，而且可能更高。另一個重要的地方，是它告訴反趨勢交易人避免執行反趨勢交易和必須隨著趨勢交易。一旦價格到了 60 分鐘時間框架的費波納奇折返水準附近，並且應用 5 分鐘的時間框架，我們還能在圖 10.8 見到盤整走勢如何試探和重新試探被突破的水準。

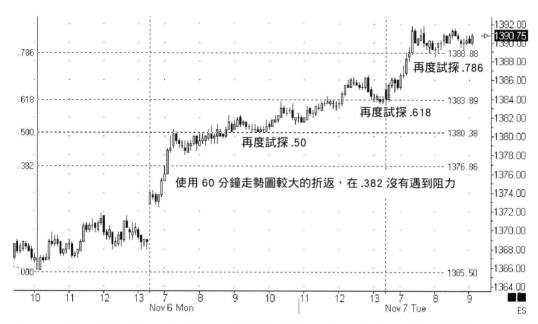

圖 10.8 5 分鐘走勢圖　顯示 60 分鐘的 29.75 點波段和費波納奇折返水準。將 60 分鐘走勢圖的折返水準用於 5 分鐘走勢圖，可以以特寫的方式，觀察價格如何在這些阻力水準回轉。

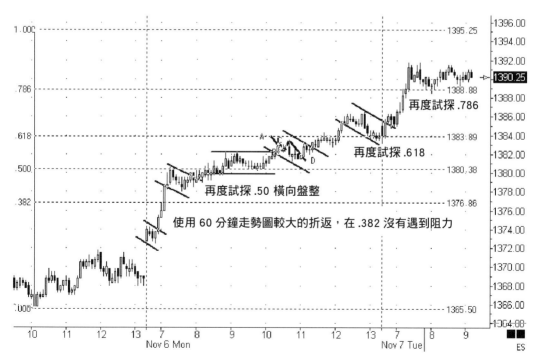

圖 10.9 5 分鐘走勢圖　應用 60 分鐘的費波納奇折返水準，顯示趨勢日中，盤整圖形在費波納奇水準形成。

我們接著想看的，是圖 10.6 所說的盤整圖形是在哪裡盤整。圖 10.9 讓我們看到這些相同的盤整圖形，但將它們放進 60 分鐘費波納奇折返水準去觀察。我們可以看到，價格在費波納奇阻力水準以趨勢的方式回轉。價格在每個水準形成一個盤整圖形，然後走高。

如果我們看 .50、.618 和 .786 等水準，可以發現價格都在每個水準之上盤整；這通常表示價格處於趨勢之中，而且會漲得更高。.50 水準顯示的橫向盤整，是圖 10.6 指出的，而且從價格在阻力區上方只拉回 2.0 點來判斷，後市看漲。這是為什麼交易人學會確認趨勢和採取適當的交易行動十分重要的原因。反趨勢交易人如果試圖逢高賣出，會是招來災難的一天。

在趨勢日控制風險

如果反趨勢交易人無意中發現自己置身於趨勢日中，他們可以利用盤整圖形，優雅地出場。請回頭參考圖 10.9 的例子。假設交易人在 .618 折返水準賣出和設定 3 點的停損點，却在進場交易後發現趨勢日正在行進中。這個時候，為了控制風險和保護資本，交易人會想運用下述交易管理技術中的一個或多個：

- 確保停損單到位，以防止小損失演變成大損失。
- 如果可能，利用小拉回以出場。
- 把停損單下在上一個小波段的高點上方或低點下方。

請再次參考圖 10.9 和 .618 水準，並且假設交易人在 1383.75 水準放空，設 3 點的停損點，以及初始目標訂為另一個 .618 向下折返。小 AB=CD 圖形成形時，交易人將有機會至少脫手一部分的部位，並將停損點下拉到損益兩平點。這樣，即使是反趨勢交易，也能獲得一點小利潤。如果交易人沒有出場，或者在第二次向上試探 .618 時進場交易，然後發現自己陷入趨勢環境中，他可以：

- 立即出場和轉向操作。
- 利用下一次的小拉回出場，但知道它可能很淺。
- 將停損點下拉到上一個小高點。

同樣的，不管哪一種情況，都必須在市場中下停損單，以控制損失。當交易
人見到價格在上升趨勢的費波納奇水準上方盤整，或者在下跌趨勢的費波納
奇水準下方盤整，他們必須曉得機率有利於價格往趨勢的方向持續下去。

交易趨勢日

現在從我們的走勢圖來看幾個進場交易、下停損單和獲利目標的例子。我們
使用我們觀察第一筆交易範例的相同趨勢日走勢圖，也會看失敗的趨勢日交
易範例，因為正如前面所說，交易是無法百分之百確定的事。

交易格局：上升趨勢日
市場：E-mini S&P 500
合約數：2 口

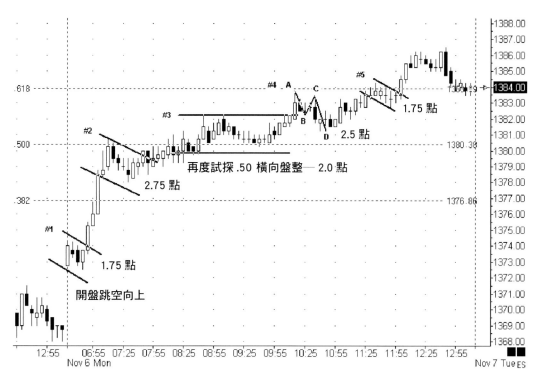

圖 10.10 上升趨勢日的 5 分鐘走勢圖　圖上標示 5 個趨勢日圖形，請注意修正的大小；市場往往重複出現
那個修正大小。

理想情況下，遇到趨勢日，交易人會想要繼續持有當天很早就建立的核心部位，並且試著持有到收盤。我們假設真正的趨勢日，開盤價落在或接近低點，收盤價則落在或接近高點。交易人接著可以在趨勢日圖形形成時，減少合約數和將它們加回。這將鎖住利潤和降低風險，以防趨勢在市場收盤前提早結束，而且這會使交易人在趨勢行進的大部分時間都待在市場中。

圖 10.10 的走勢圖中，標示了 5 個趨勢日圖形，我們將逐一探討：

1. 開盤跳空向上後不久的 1.75 點盤整圖形。
2. .50 阻力區的 2.75 點盤整圖形。
3. .50 折返水準上方的橫向盤整圖形。修正 2.0 點。
4. 小 AB=CD 圖形，修正 2.5 點。
5. 在 .618 水準的 1.75 點小盤整圖形。

如果交易人擁有足夠的市場知識和技能，能夠確認開盤後的早期趨勢狀況，使用第一個圖形會很早就開始進入這個趨勢日。不過，我們假設由於先前所提的狀況，在第一個圖形出現後才確認趨勢：

- 價格沒有填補開盤跳空向上。
- 出現長寬全距條柱。
- 第一次修正很淺。

交易人等待第一個趨勢進場圖形形成，也就是在第二個圖形。我們知道第一次只拉回 1.75 點，而且我們想要使用介於這和拉回 3 點之間的進場點。如果我們使用修正 2-3 點和 3 點的初始停損點，這會給市場搖擺的空間，並且允許交易人將停損單下在正好是 5.5 點左右的趨勢拉回水準，因為我們不希望看到市場超越這個水準，以保持趨勢的有效性。每一個準則都有例外，但我們發現這是很好的一般趨勢日準則。

如果我們使用從第二個圖形高點下來的 2 點，這會給我們 1378.75 的進場點。使用 3 點的初始停損單，將停損點下在 1375.75，略低於長寬全距條柱的低點。這根長寬全距條柱應該有支撐作用，如圖 10.11 所示。這給了我們可接受的停損位置。

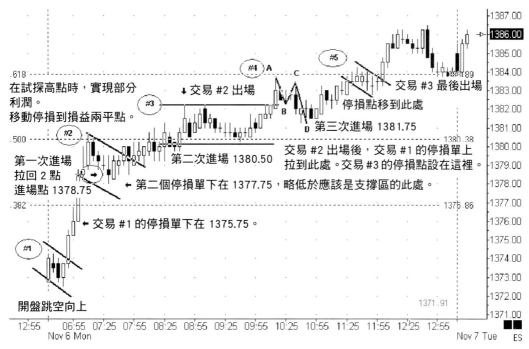

圖 10.11 上升趨勢日的 5 分鐘走勢圖　顯示在盤整圖形進場，使用 3 點的停損點，下在略低於長寬全距條柱的地方；這根條柱現在形成支撐。

第一個獲利目標將是試探 1378.50 的上一個高點。一旦成交，交易人會想將停損單上移到損益兩平點，以鎖定利潤和降低這筆交易的風險。請記住交易人在趨勢日會試著持有一部分部位直到收盤，因此下一步就是等待下一個圖形，然後增加一口合約。合約的口數完全取決於交易人的資金管理計畫。我們是使用兩口合約為例，說明在趨勢日可以如何管理交易。這個例子中，交易人有 2 點的利潤，停損單下在損益兩平點。

下一個進場點在 .50 上方橫向盤整的第三個圖形中形成。當交易人看到價格在一個費波納奇阻力水準上方盤整（如果是下跌趨勢日，則是在下方盤整），這是市場展現力道的跡象，交易人可以將它當作低風險的進場點。前提很簡單：本來是阻力的地方，現在成了支撐。下跌趨勢則反過來說：本來是支撐的地方，現在成了阻力。

我們可以往對自己有利的方向，利用這個資訊，在趨勢日執行第二筆進場交

易。我們可以在略高於 .50 的 1380.50 下單作多，並將停損點設在上個盤整水準下方一檔的 1377.75，停損為 2.75 點。第一個部位的停損點可以維持在 1378.75。獲利目標再次是在重新試探上次高點的 1382.25。這會有 1.75 點的獲利，而且第一個部位的停損點可以移到 1380.00，略低於上次的低點。這留下一個未軋平部位，讓交易人得以在趨勢日進一步獲利。

第三個進場點是在第四個圖形的小 AB=CD 完成處。再次請注意已經出現的拉回大小。我們可以確定圖形完成於 1381.75 左右，從上次的高點拉回 2 點。停損單可以下在略低於上次的低點，核心部位的另一張停損單則下在 1380.00。出場點是在重新試探上次高點的 1383.75，那口合約的獲利是 2 點。

第五個圖形是這張走勢圖顯示的最後一個盤整圖形，只拉回 2 點。由於拉回很淺，在這裡進場很可能相當困難；真正上場交易，有時會錯過。但是交易人仍然擁有從 1378.75 而來的初始核心交易，那個部位的停損單下在 1380.00。一旦第五個圖形創下新高，1378.75 部位的停損單可以上移到低於那個圖形低點一檔的 1382.50。交易人接著會想在收盤或接近收盤的時候找個出場點。收盤價是 1384，初始核心部位會產生 5.25 點的利潤。如果交易人能在開盤後更早進場，獲利當然更大。請花一點時間研究圖 10.11，以及那張走勢圖呈現的交易機會。

交易格局：失敗的上升趨勢日
市場：E-mini S&P 500
合約數：2 口

在圖 10.12 的下一個走勢圖範例中，我們看到在交易行進當中，維持停損水準不變，以及務必記住任何種類的圖形都可能失敗，是十分重要的事。力求將虧損壓到最低和保護利潤，以保存資本，有助於交易人長期經營。

我們說過，任何超過 5.5 點的修正，都可能在 5 分鐘走勢圖上發出趨勢改變的訊號。我們可以在圖 10.12 看到那天一開始是趨勢日的走勢；有一些長條柱和相當淺的修正。這張走勢圖中，必須注意的重要事情有：

- 在高點和第二個 3.25 點的修正出現之後，市場未能創下新高。
- 記住在強勁的上升趨勢日，市場會繼續創下更高的高點和更高的低點，在下跌趨勢日則是創下更低的高點和更低的低點。
- 一旦市場轉而向下，創下新低，如圖所示跌破支撐，那個趨勢便很可能結束了。

交易人如果使用良好的交易管理技術，吐回的利潤會很少。隔天開盤，市場也跳空下跌。仔細聆聽市場告訴我們的話是明智之舉。

如果你不熟悉趨勢日，請花點時間觀察和學習它們的特徵，並且長於交易它們。我們建議保存趨勢走勢圖的檔案，並將觀察到的重複出現特徵記下來。一旦你面對趨勢日游刃有餘，就能運用合適的資金管理、進場策略、停損設定和獲利目標，針對它們擬定交易計畫。

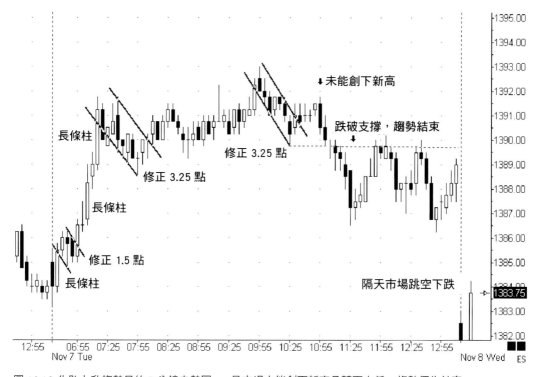

圖 10.12 失敗上升趨勢日的 5 分鐘走勢圖　一旦市場未能創下新高且轉而走低，趨勢便告結束。

【實戰心法】
當趨勢正在行進，認為價格漲得太高，所以應該放空，或者價格跌得太低，因此應該買進，絕對是錯的。價格總是可能比任何人預期的漲得更高或更低。

【投資小叮嚀】
力求將虧損壓到最低和保護利潤，以保存資本，有助於交易人長期經營。
It will serve the trader in the long run to focus on preserving capital by keeping losses small and protecting profits.

第 3 篇

交易的基本元素

第 11 章

交易管理

資金管理加上培養出色的交易管理技能，終
究會成為每一位成功交易人的心和靈。

交易人如果肯學習盡可能有效率地管理交易，長期而言，會對他們的損益產
生很大的影響。這種技能通常需要交易人經常練習、投入時間和保持耐心，
也需要交易人逐筆交易，客觀觀察他們的操作，了解哪些地方執行得很順
利，以及哪些地方需要再努力。

強化交易技能的第一步，是學習適合交易人個性的一種交易方法。從機率的
角度了解交易（意思是說，任何好交易方法有時能賺得利潤，有時卻頻頻發
生虧損），會將交易人指往正確的方向和學會堅守資金管理準則。

我們不可能預測賺和賠會以什麼順序發生。如果某段時間的確發生虧損，交
易人必須繼續研究所用的方法，了解如何交易以度過那段期間。可惜學習那
種方法的絕大多數交易人，到了這個時點，總是會放棄它，另尋其他方法，
希望它們不會引起不可避免的賠損（drawdown）。交易人如果肯學習如何
管理賠累期間的風險和虧損，最後會對他們的損益產生正面的深遠影響。

資金管理加上培養出色的交易管理技能，終究會成為每一位成功交易人的心和靈。我們在介紹每種圖形時，已經談過許多交易管理選項。請花點時間，好好研究和溫習那些內容；我們鼓勵你根據本身的交易風格、時間框架和適合自己個性的市場，調整交易管理技術。

這一章要提出直截了當的方法，將資金分配於每一筆交易，包括計算每一筆交易的部位規模。有很多書寫得不錯，探討如何運用資金管理於交易上。我們再次鼓勵你深入研究這個主題，以徹底了解它對你交易成功的重要性。特別值得向所有不同層級的交易人推薦的一本書，是肯尼斯 • 葛蘭特（Kenneth L. Grant）寫的《交易風險：透過風險控制以增進獲利》（Trading Risk: Enhanced Profitability through Risk Control）。

我們也會談到前面各章討論過的警告訊號和確認訊號。學習這些，作為整體交易技巧的重要部分，將有助於交易人妥善管理交易，例如在市場狀況允許時，退場觀望，等待進一步確認再進場交易，或者勇往直前，努力追求額外的利潤。

以機率去思考

學習以機率去思考——了解每一筆個別的交易都有隨機結果，以及一段期間後，那個交易方法會有正期望值——本身就是個學習的過程。我們會先談這一點，好讓讀者開始思考和理解這個重要的概念。

資金管理主要是風險控制的函數。我們不可能預測一系列的交易中，哪些會是贏家，哪些會是輸家。我們沒辦法百分之百準確預測的另一項因素，是一筆交易會產生的利潤金額。於是，交易方程式只剩一項元素可以控制——風險因素。大部分交易人自然而然會將心思集中在一筆交易能夠賺多少錢上。

延伸閱讀

書名：《交易風險：透過風險控制以增進獲利》
Trading Risk: Enhanced Profitability through Risk Control
作者：肯尼斯 • 葛蘭特（Kenneth L. Grant）

遺憾的是，他們往往忽略一個重要的層面：會損失多少錢。交易人必須學會專心控制每一筆交易發生損失的風險。應用如下所說的穩健資金管理技術，可以做到這一點：

● 配置總交易資金的很小百分率到每一筆交易。
● 使用停損保護。
● 有利潤可得時落袋為安。

交易人了解他們必須持續不斷操作是很重要的一件事——就像在賭場玩吃角子老虎，必須繼續拉手把，才可望贏得大獎。我們並不是建議任何交易人過度交易；相反的，我們建議當他們占有優勢，每一次都要交易。

這裡提到賭場的吃角子老虎，是因為兩者有重要的關聯，而那就是優勢。賭場占有優勢，成功的交易人也占有優勢。賭場知道它們相對於賭客保有的優勢百分率，而且每局必賭。如果你曾在賭場看過撲克牌 21 點發牌員，應該不曾見到（而且永遠不會見到）他們錯過任何一局不賭或者偏離賭場的規則。但是在賭桌的另一邊，可以看到 21 點賭客大部分時間都在做相反的事。他們根據情緒做決定，而且利害關係愈大，情緒愈濃。當賭客根據情緒做決定，通常會毀掉他們可能擁有的任何優勢。賭場的長期獲利期望值為正數，隨機性賭徒的長期獲利期望值則為負數。

交易人如何學會以機率去思考？這是你的市場經驗和技能增進之後，自然會懂的程序。交易人先吸收機率思考的知識，然後正確執行一連串的交易，將這方面的知識帶到交易過程，開始將它納入交易經驗中。它接著成為交易人不必思考就會做的事；也就是說，它成了交易過程和交易人固有的藝術和不可或缺的部分。

馬克・道格拉斯（Mark Douglas）在他寫的《交易心理分析》（Trading in

延伸閱讀
書名；《交易心理分析》
Trading in the Zone
作者：馬克・道格拉斯（Mark Douglas）

the Zone）一書，以犀利的文筆詳細描述和說明這個過程，而且提供讀者很棒的練習，讓他們學習以機率思考。本書後面會把這本經典之作收進推薦書單中。

交易人必須為他們的交易格局，不斷重複執行交易計畫，以確定是否有優勢存在。計畫的交易樣本數必須很大，才能分析這一點。一旦交易人能用統計數字證明有優勢存在，接著就能開始看到有連續獲利的交易和連續賠損的交易存在。於是他們才能理解深思熟慮擬定的交易計畫，加上穩健的資金管理原則，是多麼寶貴。

有件事可以肯定：如果交易人隨機進行交易計畫之外的交易，或者晚進場、早出場等，而改變交易計畫的優勢，他們會很難學習到交易的成敗和機率有關。交易人務請學習良好的執行技能和必要的交易管理技能，好讓優勢充分發揮。

警告訊號和確認訊號

我們說過，交易人必須認清會使交易成功機率提高或降低的各種不同市場條件。我們利用特定的警告訊號和確認訊號來做這件事。

警告訊號

我們用這些主要的警告訊號，來阻止我們進場交易，或者提醒我們等候動能減緩夠多的訊號，才進場交易：

- CD 邊跳空。
- 長寬全距條柱落在或接近完成點。
- 尾端收盤落在或接近圖形完成點。
- CD 邊相較於 AB 邊非常陡。

監視進場點時，交易人會想看圖形的結構，以及留意上面所說的警告訊號。圖 11.1 顯示在英特爾（Intel；TNTC）日線圖上形成的 AB=CD 圖形。我們可以看到 CD 邊有個很大的跳空、長全距條柱和尾端收盤。這些警告訊號告訴交易人這檔股票的下降動能過大，價格可能超越 D 完成點。大跳空造成

的價格下跌，使得 CD 邊陡峭向下傾斜，對交易人來說也是個警訊。

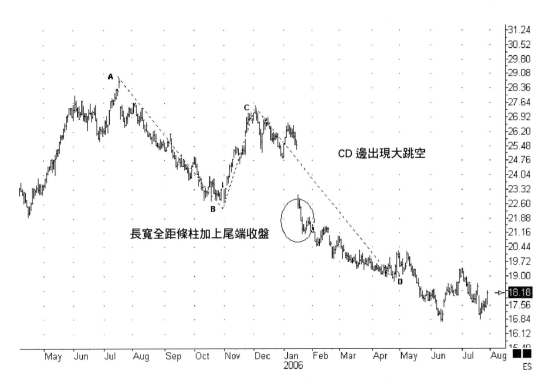

圖 11.1 英特爾（INTC）的日線圖　在 CD 邊出現警告訊號：CD 邊跳空向下、長全距條柱、尾端收盤，以及 CD 邊角度很陡。

確認訊號

現在來看圖 11.2 的英特爾日線圖，並且了解我們可以如何使用確認技術，在低風險點進場交易。我們使用的主要確認訊號有：

● 鑷子底或頂。
● 往交易的方向跳空。
● 往交易的方向出現尾端收盤或者長寬全距條柱。
● 確認條柱——等候一根時間條柱再進場交易。

在圖 11.2 的走勢圖左側，可以看到如圖 11.1 所示的原始圖形完成點 D。圖形完成的 D 點比這檔股票真正轉而向上的地方整整高出兩點。交易人如果

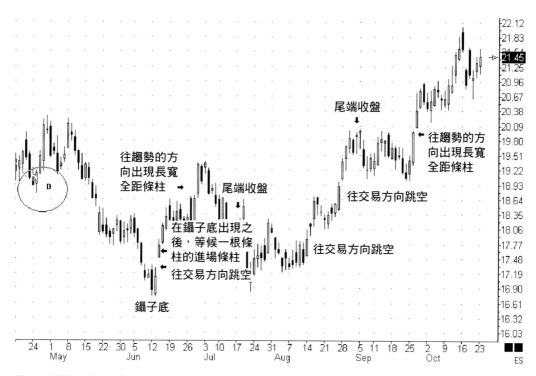

圖 11.2 英特爾（INTC）日線圖　顯示交易進場的確認訊號，確認技術能讓交易人找到低風險的進場點。

保持耐性，並且使用前述的一種確認技術，等待動能放緩，將能找到低風險的進場點。

鑷子底和開盤跳空向上，絕對是向下動能減慢，以及價格可能轉而向上的跡象。把停損單下在低於鑷子底的地方，交易的風險可能很容易量化。

交易人一看到鑷子底、往交易的方向出現跳空，或者往交易的方向出現長全距條柱，那就可以在交易人所操作的時間框架上，採取等候一根時間條柱的技術（也就是日時間框架等待一根日條柱，5 分鐘時間框架等待一根 5 分鐘條柱等等）。以圖 11.2 所示的範例來說，在開盤跳空向上那天的日條柱，是交易人在鑷子底之後的進場條柱。這將允許交易人將停損單下在略低於鑷子底的地方，並且提供低風險進場點。

當交易人根據價格走勢，有理由相信價格可能會超越圖形的完成點，便可以

等候一根時間條柱。這麼做,無法保證交易一定獲利,却給了交易人在各種不同的市場狀況中可以運用的一套工具。

來看一個走勢圖範例:在完成點之前出現明確的警告訊號。圖 11.3 有一個 AB=CD 賣出圖形。在完成點 D 之前,有連續 3 根開盤跳空向上條柱。市場藉此告訴我們上漲力道十分強勁,多頭掌控大局。條柱除了長度拉長,收盤價也落在全距的上端。任何交易人如果想要逢高放空,絕對要考慮這一點。如果錯過像這樣的格局,那沒有什麼不對。如果必要,一個市場總能靠折返圖形或賈特利圖形進場。我們可以在圖 11.3 進一步看到,市場從這一點起,趨勢向上。拉回很淺,而且價格加快上揚的步伐。要是交易人在察覺警告訊號之前,就根據 AB=CD 圖形進場,那麼可以利用第 10 章所說的,在趨勢狀況中執行反趨勢交易的方式加以管理。我們沒在 CD 邊看到尾端收盤,但是開盤跳空向上和寬全距條柱,足以引起交易人的注意。交易人不必等到所有的警告訊號都出現,才做出退場觀望或等候進一步確認的交易決定。

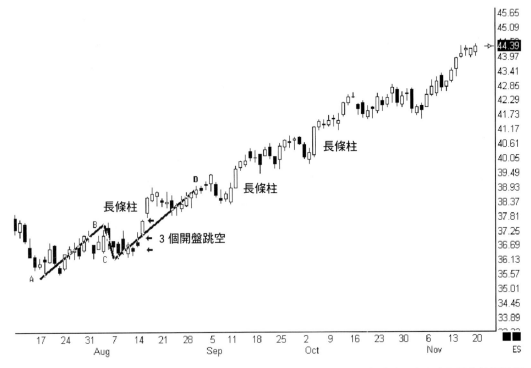

圖 11.3 NASDAQ(QQQ)日線圖　AB=CD 賣出圖形出現警告訊號。3 個開盤跳空向上和寬全距條柱是這個 AB=CD 圖形明確的警告訊號。

資金管理

資金管理是交易計畫中最重要的元素。它是風險控制的函數，如果運用得當，交易人可以靠它度過賠損和一連串虧損的期間，不怕帳戶爆掉。為了以專業的方式，交易成功，你必須學會遵循交易計畫，其中包括資金管理計畫。資金管理始於一種態度：交易人同樣必須學會以機率思考，不是用確定性去思考。本書介紹的每一種圖形更是如此，因為如果始終一貫，以包括資金管理在內的穩健交易原則去執行交易，它們會產生正期望值。

關於資金管理不良，附帶一提相當重要的一件事是：除了明顯的財務資源損失，交易人還承受情緒上的壓力。這種壓力可能表現在抑鬱或酗酒、嗑毒等成癮行為的型式上。為了防止由於缺乏適當的資金管理而發生這些非常具有破壞性的行為，交易人可以設定所做交易的結構，從養成好習慣做起，例如每次交易都下停損單。

如果透過營業員執行交易，可以採行一種委託單結構，每次下單交易時，都要同時下停損單，否則營業員就不下單買賣。電子交易不允許採用這種結構，所以在真正投入資金，展開線上交易之前，交易人最好向自己百分之百承諾：一定會使用停損單和絕不違背資金管理準則。

拿總交易資金的很低百分率去冒險

任何一筆交易都只拿總交易資金的很低百分率去操作，是防止帳戶爆掉的極佳方式。我們拿 100,000 美元的交易帳戶為例來說明這一點。如果交易人有一筆交易構想冒 100,000 美元的 100% 風險並且賠掉，那麼只要一次很快賠錢，帳戶餘額就會變成零。如果交易人執行兩筆交易，每筆各冒帳戶 50% 的風險，而且兩次都賠錢，他會在兩筆交易之後，帳戶餘額成為零。

由於交易是一種機率遊戲，我們知道，可能會在一段期間內一直賺錢或者一直賠錢。但我們不知道它們會以什麼順序出現；所以設定資金管理的結構，好讓我們能留在遊戲裡夠長的時間，不要因為難免會發生的賠損而被趕出場，才是合乎邏輯的作法。這就是為什麼任何一個交易構想永遠只投入很低百分率的資金，十分重要的緣故。

我們建議任何一筆交易只用總交易資金的 1% 到 3% 去冒險。這可以防止任何一筆交易發生任何災難性的損失。以 100,000 美元的交易帳戶來說,如果使用 1% 或 1,000 美元去冒險,交易人必須連續錯誤 100 次,帳戶餘額才會變成零。使用 3% 或 3,000 美元去冒險,交易人將必須連續錯誤約 33 次,帳戶餘額才會成為零。

交易新手當然應該使用 1% 的水準,但是隨著他們的經驗日益豐富,可以考慮改用 3% 的水準。我們不認為任何一筆交易應該冒交易資金 3% 以上的風險。交易格局看起來可能萬無一失,交易人可能相信絕對不會失敗;但它只是許多交易中的一筆,絕對不值得冒很大的風險。交易這一行有句老話:不必自尋破產——它也許會找上門來。

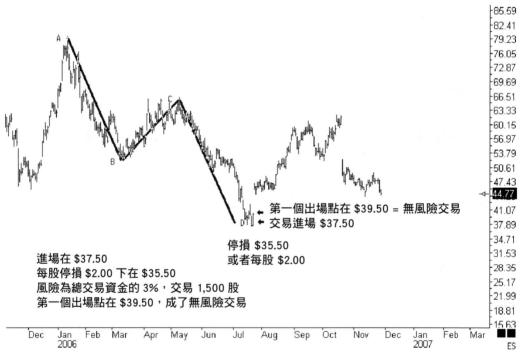

圖 11.4 新帝公司(Sandisk Corporation;SNDK)日線圖 在此圖上,計算 AB=CD 買進圖形交易格局的正確股數。

本書介紹的各種圖形,最大的好處之一是:它們都可以在圖形完成前,用計算好的冒險資金金額、停損單和獲利目標去操作。圖 11.4 告訴交易人如何

使用總交易資金的 3% 去冒險，以及如何決定適當的交易股數。我們假設有
個 100,000 美元的交易帳戶。以下是計算這筆交易股數的步驟：

1. 100,000 × 3% = $3,000。這是這筆交易的總風險金額。
2. 進場點在 $37.50，停損金額為每股 $2.00，下在 $35.50。
3. 這個例子中，我們接著拿停損單金額 $2.00 去除這筆交易的總風險金額
   $3,000。
4. $3,000 ÷ $2.00 = 1,500。得出交易股數；這個格局使用 3% 的風險參數，
   每股 $2.00 的停損單，可以交易 1,500 股（1,500 股如果停損出場，每股損
   失 $2.00，等於 $3,000）。

這個例子中，交易人能夠賠掉的最高金額是 3,000 美元或者交易資金的 3%。
下停損單的時候，我們從來不想拿一檔股票價格的 10% 以上去冒險。舉例
來說，如果股票價格是 50 美元，我們的停損單絕不會冒 5.00 美元以上的風
險。5% 左右通常是相當合理的。我們已經在本書說過好幾次這一點，這裡
要再說一遍：如果一筆交易的風險太大，那麼寧可錯過，另尋風險合適的另
一個交易格局。

如同本書前面的章節所討論和指出的，出場點可以用幾個方法確定。如果我
們使用同等的風險金額（這個例子是 2.00 美元），那麼第一個出場點是在
每股 39.50 美元，並將停損單移到損益兩平點，將使我們實現等於這筆交易
原始風險的利潤，而且，將停損單移到損益兩平點，會使我們處於無風險的
交易中。

- 這個交易例子如果使用 2% 的風險，冒險資金總額是 2,000 美元，正確的
  交易股數是 1,000。
- 這個交易例子如果使用 1% 的風險，冒險資金總額是 1,000 美元，正確的
  交易股數是 500。

每個交易人都有不同的風險忍受水準。先確定你的風險忍受水準，是非常重
要的一件事。

交易人可以計算每一筆交易能夠交易多少股。如果帳戶餘額因為虧損而降
低，交易人必須向下重新計算使用的風險百分率。反之，如果帳戶餘額增

加，交易人可以向上重新計算使用的風險百分率。這可以確保交易人一再賠錢時，交易的股數會減少，一再獲有利潤時，則可以交易更多的股數。最重要的是，這可以防止交易人自毀帳戶。

交易人可以先行計算的步驟小結如下：

- 根據可用交易資金總額的預定百分率，計算風險總額。
- 使用停損單；如何以及在何處下單。
- 獲利目標。
- 如何移動停損單或下落後停損單。

現在來看一個交易人的例子。他想要交易 E-mini S&P 500 合約，而且一開始的帳戶規模是 20,000 美元。（談這個例子之前，需要先提一件重要的事。很多經紀商作廣告說，當日沖銷交易 E-mini S&P 500 的保證金很低，也許每口合約只要 1,000 美元就能交易 E-mini S&P 500。因此，帳戶有 10,000 美元的交易人，可能認為他可以交易 10 口合約。這樣的交易人除非經驗非常豐富，否則使用經紀商所說的那種資金管理系統，很可能活不下去。保證金的高低根本無關緊要，而且和計算與應用穩健的資金管理技術搭不上邊。）

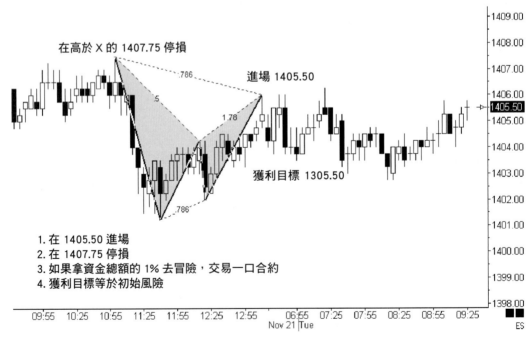

圖 11.5 E-mini S&P 500 5 分鐘走勢圖中的賈特利賣出圖形——計算正確的合約口數。

以圖 11.5 為例，我們可以使用以前用過的同樣方法，去計算使用賣特利賣出圖形操作的合約口數。這筆交易的進場點在 1405.50，停損單下在圖形 X 點上方的 1407.75。停損為 2.25 點或者每口合約 112.50 美元。以 20,000 美元帳戶為例，我們使用 1% 的風險和假設交易人為新手，計算合約口數如下：

1. $20,000 × 1% = $200。這是這筆交易的風險總額。
2. $200 ÷ $112.50 = 1.7。根據上述的風險總額，算出的正確合約口數是 1。小數位捨去。
3. 進場點是 1405.50，停損單下在 1407.75，2.25 點停損或每口合約 $112.5。
4. 我們拿這個例子的風險金額 $200 除以停損單所下的位置；這個例子中，正確的位置是略高於 D 點的 1407.75，或 2.25 點。

交易人這筆交易可以賠掉的最高金額是 112.50 美元。在帳戶餘額增加到某個水準，可以增添一口合約之前，交易人必須計劃一筆出場交易。這麼做有它的好處，那就是交易人將在這個操作時點，學習優異的執行技能。新手交易人在他們的交易生涯此刻，很有可能賠掉更多筆交易，因為他們還在吸取市場經驗當中。這個時候應該將風險壓到非常低，以及設法培養交易技能。就這個特別的例子來說，交易人使用的出場策略，獲利可以等於這筆交易的風險金額。本例中，那一點是在 1403.25，能給交易人 112.50 美元或 2.25 點的利潤。

- 這個交易例子如果使用 2% 的風險，風險總額是 400 美元或三口合約。
- 這個交易例子如果使用 3% 的風險，風險總額是 600 美元或五口合約。

如果停損單是 5 點或 250 美元，交易人必須放棄那個格局，等候根據所用的風險百分率，可下合適停損單的格局再動作。使用 5 點停損的風險，會超過每筆交易容許最高損失 200 美元的上限。使用靠得太近的停損點是錯誤的作法；這會造成交易人不必要的虧損和挫折。學習下停損點的正確方法，是一門藝術和技能。

每個交易人都需要根據自己的風險忍受度和交易經驗，決定拿多少百分率的資金去冒險。這個決定中，一個重要的考量是：交易人一次有多少筆交易未軋平。交易人的經驗愈淺，未軋平交易的筆數應該愈少。眼睜睜看著幾個未

軋平（過度交易）的部位同時轉成虧損，這樣的教訓，學起來很苦澀。

交易人如果操作多個未軋平部位，那就應該考慮最壞的情況。他們應該知道，如果最壞的情況發生，帳戶會蒙受多少賠損。我們建議集中心力學習一兩個市場中的一、兩個圖形，並且嫻熟它們。交易人如果想要，以後會有時間添增更多的圖形和市場。

有幾個交易錯誤，能夠毀掉交易人的帳戶，因為它們都違反了穩健的資金管理實務：

- 不下停損單。這會使小損失滾成大損失，也是交易的大忌。
- 過度交易。指交易人不依照交易計畫操作、隨機操作，或者一次有太多的未軋平部位。
- 移動停損單，以避免發生損失。預定的停損金額絕對不要增加。
- 超過一筆交易或者多筆未軋平交易容許的風險金額。
- 有獲利時不落袋。這使得獲利的交易演變成賠錢的交易，絕對應該避免。

本章最後留給你的最重要準則是：
1. 第一個準則：一定要使用停損單。
2. 第二個準則：絕對不要違反第一個準則。

【實戰心法】
大部分交易人自然而然會將心思集中在一筆交易能夠賺多少錢上。遺憾的是，他們往往忽略一個重要的層面：會損失多少錢。

【投資小叮嚀】
交易這一行有句老話：不必自尋破產——它也許會找上門來。
There is an old saying in trading: Never go for broke –you just might get it.

第 12 章

以費波納奇比率和各種圖形使用選擇權

大約 85% 或所有的選擇權到期時都一文不值。這一點務必放在心裡。因此，任何一套選擇權策略，交易人都只能拿總交易資金的一小部分去冒險。

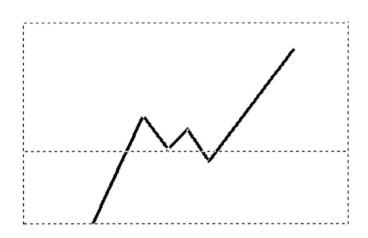

本章介紹如何使用延伸圖形於選擇權，如蝴蝶圖形或 1.272 和 1.618 延伸水準。我們假定你已經懂得選擇權的一些知識，曉得它們如何運作。如果不然，建議你瀏覽芝加哥選擇權交易所的網站（www.cboe.com）。這個網站是各種水準的選擇權交易人吸收知識的絕佳來源，包括可以免費下載的教程。

買進選擇權和賣出選擇權的定義

買進選擇權（call option；以下簡稱買權）給買方或擁有者權利——但不是義務——可以在標定的期間內（亦即到期日之前），以標定的價格（稱作履約價格〔strike price〕），購買標的工具。買權的發行者，就是選擇權賣方，有義務在那個選擇權被行使時，依標定（履約）價格出售標的工具。

賣出選擇權（put option；以下簡稱賣權）給擁有者權利，可以在一段固定的期間內（亦即到期日之前），以標定的價格（稱作履約價格），出售標的工具。賣權的發行者，就是選擇權賣方，有義務在那個選擇權被行使時，向選擇權的買方購買標的工具。

影響選擇權價格的因素

很多事情可以影響和改變選擇權的價格。由於選擇權是某標的工具的衍生性金融商品，所以它的價值和該標的工具有直接的關係，無論那是股票、商品或期貨選擇權都一樣。以下是影響選擇權價格的一些主要變數：

- 標的股票、商品或期貨的價格。
- 履約價格—無論是價內（in-the-money）、價平（at-the-money），還是價外（out-of-the-money）。圖 12.1 和 12.2 有所有這些價格的例子。
  - 價內是指買權的履約價格低於標的工具的價格，以及賣權的履約價格高於標的工具的價格。
  - 價平是指買權或賣權的價格等於履約價格。
  - 價外是指買權的履約價格高於標的工具的價格，以及賣權的履約價格低於標的工具的價格。
- 到期日之前的時間——時間溢價會算進選擇權的價格中。隨著到期日接近，時間溢價會衰減。
- 標的工具的波動性——根據經驗法則，波動愈大，選擇權的價格愈高。
- 選擇權到期前，標的股票派發的股息。
- 長、短期利率會影響選擇權的價格。
- 未平倉量（open interest），或者在特定的履約價格和到期日，任何特定的選擇權還有多少倉量。如果未平倉量較多，那麼可能有更多的溢價算進選擇權價格內。選擇權買方會想買未平倉量相當多的選擇權。

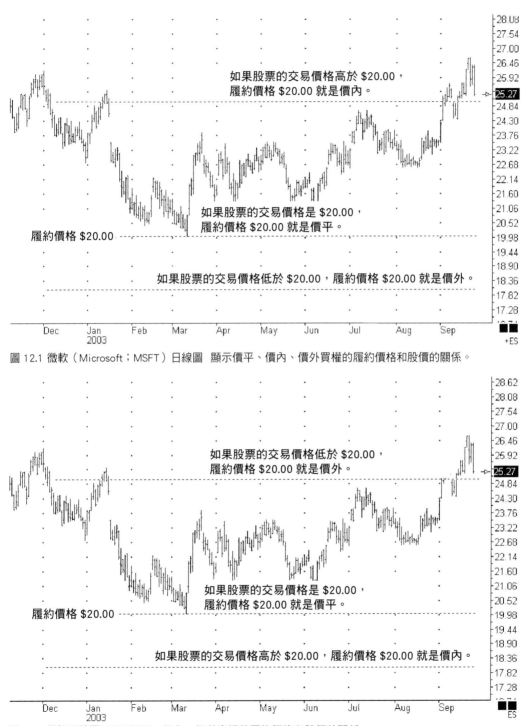

圖 12.1 微軟（Microsoft；MSFT）日線圖　顯示價平、價內、價外買權的履約價格和股價的關係。

圖 12.2 微軟日線圖　顯示價平、價內、價外賣權的履約價格和股價的關係。

以選擇權控制風險

使用選擇權的方法有很多，但這裡只針對每一類選擇權談一個簡單的策略：
- 根據比較長期的圖形，發現價格可能顯著上揚時，買進買權。
- 根據比較長期的圖形，發現價格可能顯著下跌時，買進賣權。

圖 12.3 說明了我們何時利用買權和賣權。

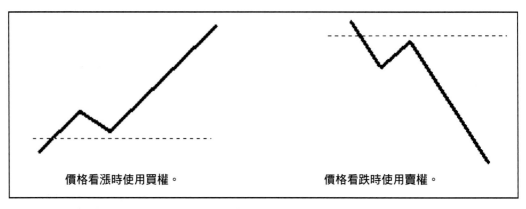

圖 12.3 預期價格會大漲時買進買權，預期價格會大跌時則買進賣權。

在可能是主要或重大市場轉折點的地方，使用選擇權的一大原因，是它們提供了槓桿作用。你可以動用只占交易資金一小部分的金額去買選擇權。當特定的市場或標的工具往預期的方向大幅行進，選擇權的價格會激漲，選擇權投資人因此可望以相當少的投資獲得很大的報酬。

大約 85% 或所有的選擇權到期時都一文不值。這一點務必放在心裡。因此，任何一套選擇權策略，交易人都只能拿總交易資金的一小部分去冒險。運用這種選擇權策略時，交易人的風險限於選擇權的成本。如果交易失靈，選擇權到期時一文不值，那麼這筆交易的總損失，是購買選擇權支出的總金額。交易人承受的風險因此有限，潛在利潤卻很大。這必須視為交易人整體資金管理計畫的一部分並善加運用。

以延伸圖形使用選擇權的例子

我們喜歡以蝴蝶圖形或 1.272、1.618 延伸水準等延伸圖形，使用選擇權的原因之一，是在那一點，選擇權的價格通常會下挫。在日線圖或週線圖等較長

的時間框架中，圖形在接近完成點的地方，通常都會過度看漲或看跌——也就是在賣出圖形中看漲，在買進圖形中看跌。這件事通常會導致價外選擇權的權利金重跌。

我們的策略是在圖形完成或接近完成時，買進價外買權或者賣權。這會給這筆交易和圖形一點時間去完成，而且我們不必在有波動不居的市場狀況中，抓對確切的進場時間。有些時候，這相較於交易標的期貨或股票占有優勢。

我們探討兩個例子，一個是成功的買權買進交易，另一個是買進賣權，但到期時一文不值。

買進黃豆買權

這口買權是在 1.272 延伸水準完成的附近買的（如圖 12.4 所示）。8 月底，黃豆的交易價格在每英斗 5.50 附近，12 月價外買權履約價格為 600，以每單位選擇權約 2.00 美元或者每口合約（有 100 單位買權）200 美元買進。12 月才到期，市場有時間上漲。

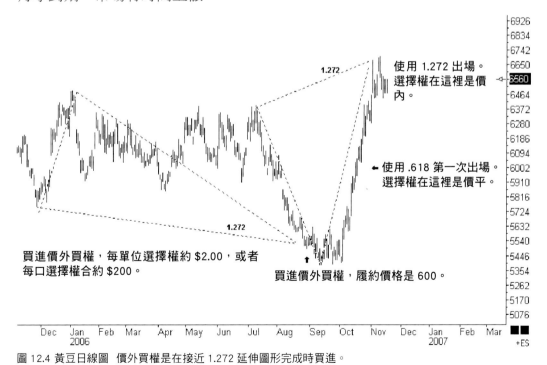

圖 12.4 黃豆日線圖　價外買權是在接近 1.272 延伸圖形完成時買進。

市場持平 2 個月，價格幾無波動之後，一旦開始以趨勢的型式上漲，選擇權的價值就會升高。前面的章節談過的相同交易管理技術，可以用在選擇權上。.618 水準提供很好的第一個獲利出場點，因為這個選擇權已經從價外走到履約價格 600 附近的價平。交易選擇權時，一個良好的交易管理技巧，是在它們的價格接近兩倍時，賣出一半的選擇權合約。例如，這個選擇權合約是以 200 美元買進；一旦合約價值到達約 400 美元，可以賣出一半的選擇權。這可以減少這筆交易的風險，而且即使另一半到期時一文不值，這筆交易已經沒有風險。

一旦黃豆的價格達到上方的 1.272 延伸水準，選擇權接著就以價內交易；由於時間所剩無幾，選擇權的價值幾乎全是內在價值，而且接近支付價格的三倍。這筆買權的後半部分，可以在 1.272 延伸水準附近賣出，獲得不錯的利潤。

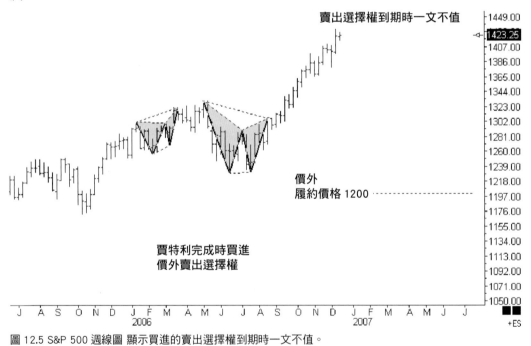

圖 12.5 S&P 500 週線圖 顯示買進的賣出選擇權到期時一文不值。

買進 S&P 500 賣權

這筆賣權交易，進行得不像黃豆買權交易那般順利。我們使用相同的基本策略——根據比較長期的延伸圖形，買進價外賣權。這筆賣權交易的買進價格

閱讀小祕書／買權與賣權

買進選擇權（call option；簡稱買權），給買方或擁有者權利（但不是義務），可以在到期日之前，以履約價格（strike price），購買標的工具。

賣出選擇權（put option；簡稱賣權），給擁有者權利，可以在到期日之前，以履約價格，出售標的工具。

約為每口選擇權合約 850 美元。像這種期貨指數選擇權，通常比其他的選擇權要貴，所以我們試著在每口選擇權合約 1,000 美元的風險水準之下買進。

圖 12.5 可以看到延伸圖形是蝴蝶圖形，但這筆交易的選擇權，是在接近第一個賈特利賣出圖形完成的地方買進。我們假設賈特利圖形再度試探蝴蝶圖形的高點，市場接下來會有比較大的向下修正。然而市場持續走上升趨勢，所以這些選擇權到期時一文不值。

交易選擇權，務必使用嚴格的資金管理技術，而且只拿總交易資金的一小部分在一筆選擇權交易上冒險。正確使用的話，交易選擇權可能是獲利很高的策略。市場動盪期間，不直接交易標的股票、商品或期貨，可以降低市場曝險。交易選擇權需要交易人格外用心，深入了解選擇權的特質和訂價方式。

【實戰心法】
交易選擇權時，一個良好的交易管理技巧，是在它們的價格接近兩倍時，賣出一半的選擇權合約。

【投資小叮嚀】
仔細聆聽市場告訴我們的話是明智之舉。
It is wise to lisen to what the market is telling us.

第 13 章

擬定交易計畫

定義明確的交易計畫可以協助交易人一清二楚看到本身的交易發生什麼事。它能讓交易人以客觀的觀點,確定利潤從哪裡來得最多,以及如何增加利潤。

擬定穩健的交易計畫,是交易成功不可或缺的一環。交易計畫會給交易人操作時用以依循的準則、規則、焦點和方向。在賠損期間或操作困難時,交易計畫對交易人大有助益。交易計畫會協助交易人確認操作困難是因為市場狀況不佳,還是因為操作錯誤。交易計畫有如再平衡工具,促使交易人重回正軌,遵循和執行交易計畫所訂的穩健交易原則。

定義明確的交易計畫可以協助交易人一清二楚看到本身的交易發生什麼事。它能讓交易人以客觀的觀點,確定利潤從哪裡來得最多,以及如何增加利潤。它也能讓交易人以客觀的觀點,確定虧損是從哪裡來的,因此在操作上有所調整,以矯正不必要的損失,或者相對於獲利顯得太大的虧損。

身為交易人,我們總在尋找最好的工具,幫助自己極大化利潤和極小化風險。交易計畫可以是我們能給自己的最好工具之一,協助我們同時實現這兩個目標。

我們在這一章中，把交易計畫分成三部分：

1. 每日交易計畫——定義你將交易什麼，以及如何交易。
2. 事業經營計畫——以整體的觀點去看你的交易業務發生的費用。
3. 應變計畫——未雨綢繆，事先規劃不可預見的事件和情況發生時如何採取行動。

交易計畫可以隨著時間的推移而改變和修正。成功的交易需要微調你的執行技能和你的資金管理技術。在這個過程中及早採取行動，擬定交易計畫，將有助於交易人走在視交易為業務的正軌上。

每日交易計畫

交易計畫的深度和廣度，主要取決於你現在的交易技能水準。你的經驗和技能水準愈深，交易計畫就能發展得愈深。

新手交易人應該先做好基本功。然後隨著技能和經驗的增進，交易人的初始交易計畫可以添加更多東西。這一節說明可以幫助你入門的基本功。

交易計畫的基礎

最顯而易見的起點，是從你交易什麼開始。以下是包含在起步中的一些想法：

- 定義你將交易的市場。
- 定義你將交易的特定格局。
- 定義啟動交易的進場點。
- 定義會使交易無效的市場條件。
- 定義要交易的股票或合約數量。
- 定義依所使用的資金管理準則，這筆交易承受多大的風險。
- 定義停損位置。
- 定義獲利目標，以及如何和何時移動停損單。

請將這份清單當作檢核表，直到需要注意的這些項目成了第二天性。將資訊寫在你將交易的市場走勢圖上，是值得養成的好習慣。圖 13.1 是利用價格走勢圖作為基本交易計畫檢核表的例子。

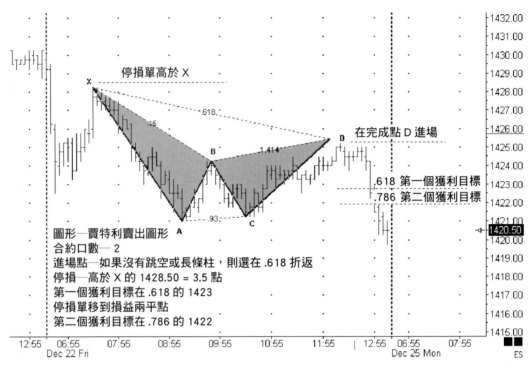

圖 13.1 E-mini S&P 500 的 5 分鐘走勢圖賈特利賣出圖形　這是將走勢圖拿來當交易計畫的例子。

我們假設交易人將利用 5 分鐘的時間框架，交易 E-mini S&P 500 市場，而且將交易走勢圖上形成的所有賈特利圖形。此外，交易人也很勤快地規劃了如何進場交易，以及什麼情況會阻止交易人進場交易。就在圖形正形成，走到完成點之前，交易人可以寫下和那個市場中那個圖形的基本交易計畫有關的所有資訊。我們建議在圖形正形成時，把走勢圖印出來，並且用手寫下針對那個圖形的交易計畫。

這將達成幾個重要的交易目標：
- 維持交易人專注於他應做的事和遵循交易計畫。
- 定義交易的具體理由。
- 概述在操作的特定時間，交易人會採取什麼行動，以及他將如何執行交易管理。
- 定義交易人那筆交易必須承受的特定風險，好在交易之前先確定風險是否可接受。

學習遵循交易計畫是很重要的一環。反覆這麼做，將對你根據交易計畫，做完一筆交易，再做另一筆交易，大有助益。

這樣的練習，將幫助交易人在市場正在波動的當下，展開一組預定的行動，進而有助於將情緒化的決定降到最低。如果採取情緒化的決定和行動，推翻了原定的交易計畫，交易人可以在事後檢討時，以這個資訊為工具，尋找交易中阻礙交易技巧發展和成長的特定圖形。

事後回頭看靜態的走勢圖，了解當時應該怎麼做，是很容易的一件事。培養交易技巧的重要一環，是事先規劃好在任何交易格局形成之際，必須做什麼事，然後一而再，再而三，遵循計畫去執行。

在市場持續行進之際，價格的波動可能使得一個交易格局遭到各式各樣的心理干擾。交易人如果能在實際的交易之前做更多的規劃和準備，日積月累培養起來的交易技巧會更加強大。這也會幫助交易人學習如何以機率去思考。如你所見，檢核表中所有的項目，都必須在交易執行之前處理好。花點時間去做這件事，將能培養規劃交易、執行交易和管理交易的技巧。

《交易心理分析》一書的作者道格拉斯設計了非常棒的 20 個樣本交易練習，幫助交易人發展交易技巧和觀察本身的優勢如何產生。

這個練習要交易人試著零錯誤執行格局相同的 20 筆交易。交易人在練習時，需要執行格局相同的一系列 20 筆交易，並且盡可能完美地執行交易。這有助於交易人確認方法或執行技能中的瑕疵。如果他們在 20 筆交易的練習中犯下錯誤，只要重新聚焦於自己的目標，並且繼續執行就行。請參考圖 13.2 的 20 筆樣本交易工作底稿，做這方面的練習。

交易人可以追蹤他們選來交易和用於 20 筆樣本交易練習的特定圖形的確切表現。他們因此能拿本身的績效來做比較，客觀衡量他們有多接近那個格局的實際績效。如果格局的績效和他們的實際績效相差很大，那麼他們可以開始採取行動，依照自己的交易計畫，亦步亦趨向格局看齊。

「所有的交易人都會給自己他們覺得當得的，不多也不少。交易是累聚金錢的一種練習。一旦我們學會如何交易（察覺機會和執行交易），我們的帳戶最後有多少錢，還能由別人或者其他什麼事來左右嗎？」

——馬克‧道格拉斯

	日期	市場	賺	賠	放棄	點數
1	/					
2	/					
3	/					
4	/					
5	/					
6	/					
7	/					
8	/					
9	/					
10	/					
11	/					
12	/					
13	/					
14	/					
15	/					
16	/					
17	/					
18	/					
19	/					
20	/					
	註：					

圖 13.2 20 筆樣本交易工作底稿
資料來源：Mark Douglas, Trading in the Zone (Yew York: New York Institute of Finance/Prentice Hall, 2000)。

這將引導交易人檢討本身的交易，確定是不是有太早出場、太晚進場、不當移動停損點，以及其他常見的交易錯誤，干擾他們發展時間拿捏得恰到好處的交易技能。這是查明問題領域，以採取矯正措施，改善績效的很好方法。舉例來說，如果 20 筆交易完成了，某個格局的實際績效是 +50 E-mini S&P 500 點，而由於交易錯誤，交易人只得 +15 E-mini S&P 500 點；這會給交易人可用於改善操作的重要資訊。交易人現在可以採取行動，改善任何需要改善的領域，以縮短兩者的差距。

請注意工作底稿頂端引用的一段話：「所有的交易人都會給自己他們覺得當得的，不多也不少。交易是累聚金錢的一種練習。一旦我們學會如何交易（察覺機會和執行交易），我們的帳戶最後有多少錢，還能由別人或者其他什麼事來左右嗎？」—馬克 ‧ 道格拉斯。

追蹤績效

正如我們先前說過的，擬定交易計畫會教導交易人持續專注於他們該做的事，以及專注於交易的過程。將交易人的績效統計數字添加到交易計畫，對交易人極有助益。不妨想一想：交易人如果少了一套系統幫助他，他可以如何確認問題領域或者評估真正的強項？每個交易人都應該有一套系統，能夠收集交易績效的客觀資料。我們很難想像科學家不收集和分析資料，而能完成科學實驗。

運動員會持續不斷注意和收集自身的表現資料。交易人必須了解，由於交易是論績效優劣的競技，有許多因素導致交易成功或失敗，所以每一份資料都很珍貴，而且會影響交易人操作成功或失敗。

很多事情發生得很快，當下會影響交易人的利潤或虧損。交易人採取的每個行動，都會對交易有利潤的那一邊或有虧損的那一邊產生影響。一天、一週或一個月結束時，交易人很容易忽視對利潤或虧損有貢獻的重要資訊。

交易人可能不記得或者可能合理化強烈影響績效的一筆隨機交易或者其他的交易錯誤。交易人有某個系統能夠監測自己的績效，是很重要的一件事。學

習正確的習慣，以培養優勢和消除弱點，也很重要。創建一套系統以實現這件事，對交易人有利無弊。認清什麼交易是按交易計畫執行，以及哪些交易或行動沒有落在交易計畫內，可以幫助交易人做到這件事。

連交易錯誤也能賺到利潤，是一個不幸的交易事實。這種情況會強化非常糟糕的交易習慣。因為這樣而獲利，會使交易人產生虛假的信心。它們告訴交易人，一次靈光，下次也可行，但這絕對錯誤。情況通常不是如此，而且交易人最後必然付出代價。

追蹤績效可以讓交易人以客觀的眼光，了解需要調整什麼事情。這是改善績效的好機會。我們建議你去看葛蘭特寫的《交易風險》和布雷特 · 史提恩巴格（Brett N. Steenbarger）寫的《增進交易績效》（Enhancing Trader Performance）。

利用交易人的績效統計數字

交易人的統計數字中，可能有一種情況沒被發現或者遭到忽視：某個月的總交易有 70% 獲利，但整個月結算下來還是賠錢。這可能是控制虧損出了問題，或者交易人傾向於在交易計畫還未合適，便太早獲利了結，或兩者兼而有之。這也可能是個證據，表示交易人隨機執行沒有獲利的交易，結果吃掉交易計畫中的利潤。不管可能是哪一種情況，交易人務必審視自己的交易，確定原因，這樣才可能應用解決辦法。

從統計資料，也可以看出過度交易的問題。每一天、每一週和每個月的交易筆數，可以幫助交易人確定這方面是否出了問題，然後尋找解決方案。有個系統能夠比對他們正在交易什麼和他們應該交易什麼，將對交易人微調自己的交易技巧大有幫助。

另一個例子是吐回利潤。如果交易人發現經常在一天的特定時間吐回利潤，

延伸閱讀
書名：《增進交易績效》Enhancing Trader Performance
作者：布雷特 · 史提恩巴格（Brett N. Steenbarger）

可能有助於促使他們去找出趨勢，確定虧損是不是在趨勢中的反趨勢交易造成的。

保有績效統計數字，可以提醒交易人注意許多事情，對他們大有益處。我們列出很容易收進電子試算表，可以開始記錄的基本資訊。交易人不妨先收集他們覺得有必要和對他們目前的技能水準合適的資訊。

- 賺／賠比率（賺的筆數除以賠的筆數）。
- 每天的交易筆數。
- 合約口數或股數。
- 獲利筆數。
- 虧損筆數。
- 放棄交易的筆數。

他們可以進一步細分：

- 獲利筆數──作多交易。
- 虧損筆數──作多交易。
- 獲利筆數──放空交易。
- 虧損筆數──放空交易。
- 放棄交易筆數──作多交易。
- 放棄交易筆數──放空交易。

確定獲利和虧損金額也很重要：

- 獲利金額。
- 虧損金額。
- 平均每股或每口合約獲利金額。
- 平均每股或每口合約虧損金額。

交易人很容易追蹤的其他一些項目包括：

- 連續獲利筆數。
- 連續虧損筆數。
- 連續獲利日數。
- 連續虧損日數。
- 平均每筆交易的利潤。
- 平均每筆交易的虧損。

追蹤交易人的績效統計數字，可以發掘一些本來可能看不到的型態。例如，

一位交易人可能原本保持穩定的65%獲利紀錄，接著突然降到50%；這一來，交易人有了資訊，便會去尋找突然改變的原因。

另一種可能的型態是：交易人維持穩定的65%到70%獲利紀錄，然後某個月出現高於平常的虧損，但賺／賠比率相同。反之，交易人某個月的獲利紀錄可能下降到50%，整個月還是有獲利。

所有的資訊都可用於確定交易人做了哪些正確的事情，以及犯下什麼錯誤，如此他們才能改弦易轍。這類資訊也能提醒交易人注意市場環境有沒有改變，所以原來的交易計畫有沒有必要調整。如果交易計畫缺少系統可用以確定這一點，則長遠來看，不可能有什麼事情發生變化，不管是變好，還是變壞，都是如此。

將交易當事業經營

交易有如事業，應該以這樣的態度去經營。學習交易和實際交易都會產生相關的成本。每個交易人都應該仔細探討這一點，才踏進交易這一行。

用經營事業的方式去操作，而且在這塊領域做點規劃，會有助於你評估相關的成本。我們將在這一節探討和交易有關的一些費用，也會談到準備踏進這塊領域的交易人如何擴大交易計畫，把年度事業經營計畫也加進來。

交易教育

雖然有例外，但是學習如何交易才能獲利以維生，通常需要接受堅實的交易教育和投入相當多的時間。這些事情得花相當多錢，去探索多種交易方法，才能找到適合自己個性，進而演變成自己特有風格的交易方法。

交易人應該規劃好學習交易的教育方法。有許多方式可用以摸索和學習不同的交易方法，包括：
- 現場講習班和研討會。
- 交易展。

● 書籍、雜誌和報紙。
● 網站。
● 現場交易室。
● 指導和輔導課程。
● 新聞信。

在學習的過程中，新手交易人很可能會綜合採用其中幾項。交易人應該研究每一項，並且評估它們的成本，也可能必須提撥預算。例如，交易人可能決定第一年支出 3,000 美元到 5,000 美元在交易教育相關費用上。這些錢可能用於參加現場講習班或研討會、參加現場交易室、研讀書籍和訂閱雜誌。每一年的教育費用可以根據交易人落在學習曲線的何處，以及那個時點需要的教育而重新評估。

如果交易人準備參加現場交易活動，他們很可能必須支出參加活動的交通費用。所以這也應該納入考慮。

我們經常被問到：「需要多長的時間，才能學會交易且操作成功？」我們沒辦法以任何特定的時間框架回答這個問題。需要考慮的變數有許多，如：
● 交易人能夠投入學習、研究和練習交易的時間多寡。
● 交易人能把交易計畫描繪和遵循得多好。
● 交易人以前的經驗有多少；這對學習曲線可能有貢獻，但如果交易人有些壞習慣需要破除和重新學習，反而必須花比較大的工夫。

經驗是不能教的事情。已經證明穩健可行的交易方法，所有的元素和成分都能教，但是經驗必須由個別交易人去吸取。有時間去體驗市場和經常操作的交易人，會比時間有限的交易人吸收更多的經驗。交易人可以額外規劃，發展達成目標的時間進程，然後規劃達成那個目標需要的各個步驟。

提醒一件事：交易教育的每一步都很重要，而且有目的和地位。不要忽視採取每一步所面對的挑戰和獲得的獎勵。我們還沒有遇到任何「獲利快車道」交易系統；成功需要交易人努力工作、持之以恆和執著力行。

軟體、電腦和辦公室成本

交易人必須決定使用什麼畫圖程式最適合他們的需要。市面上有許多畫圖程式可選用，參觀交易展是了解和評估它們的績效的絕佳途徑。這是另一個支出領域，任何交易人都必須承擔成本及妥為規畫。

除了畫圖程式，交易人也必須評估電腦設備，而且務必確保軟體有合適的電腦系統可用。這也會使原來的交易相關成本增加。以下是有待評估和規劃的一些交易事業費用項目：

- 電腦設備。
- 顯示器；可能需要準備好幾台顯示器。
- 軟體程式。
- 畫圖套裝軟體的資料供應商。
- 經紀商／手續費成本。
- 上網設備。
- 電話設備。
- 影印機。
- 傳真機。
- 事務用品。

交易新手應該研究每個月和每年經營事業需要多少成本。這將幫助他們以務實的態度，衡量每個月／每年必須支出多少，才能靠交易事業維生。

年度事業經營計畫

每年年底，都應該準備未來一年的交易計畫和事業經營計畫。我們可以檢討上一年和針對未來一年有所調整，而擬定交易計畫。事業經營計畫則涵蓋基本的交易計畫。

也許有些市場操作得不順利，交易人可能需要回顧他們一年來收集的內部交易統計資料，重新評估自己在哪些市場所用的方法。評估特定圖形使用的特定交易管理技術，或許能藉以判斷哪些方法可以調整。

這個時候適合鑑往知來，為下一年的交易做好準備。交易人可以評估基本方

法和特定交易管理問題需要做哪些方面的改變。以下是每年需要評估和規劃的一些事情：

- 未來一年將交易哪些市場。
- 規劃每個市場的交易計畫。
- 交易的時間框架。
- 逐步加碼，增加操作股數或合約口數的計畫。
- 有待研究、改善或專注的特定交易問題（例如學習新策略、改善資金管理、交易心理等）。
- 概述交易人全年將如何依計畫行事和保持專注。這可能涵蓋生活風格的改變，或者需要定期檢討交易計畫，以評估交易人是否遵循計畫。
- 未來一年的使命聲明。
- 檢討過去一年的交易費用，並且預測未來一年的交易費用。
- 建立目標和規劃如何達成那些目標。

這個交易過程不必弄得很複雜或者叫人承受不了，而且應該適合交易人的經驗水準。親自投入這個交易領域，將磨銳你的專注力和擬妥深思熟慮的地圖，確定身為交易人的你，將在何處和如何達成你的目標。

交易人參與和交易即時變動的市場，總是一直處於不確定的狀態中。即使有些時候，交易人脫離交易計畫很遠，沒有按照計畫去操作，交易計畫仍然是回頭養成良好交易習慣的工具。交易人定義好妥善的計畫，才能有立地基礎，而且在某種意義上說，能夠得到某種安全保障，因為他們總能重新聚焦於根本要務，並從那裡繼續往前邁步。

未雨綢繆

芝加哥商業交易所有句話：「這裡沒有沒有這回事這回事。」這總結了為什麼你需要擬定某種應變計畫。交易計畫的這一部分，將需要盡可能思考很多假設情境。如果你遇到沒想過的極端事件發生，那就只能根據你設想的情境，盡你所能去因應。

只要交易夠長的時間，會不會有某種災難發生根本不是問題，問題是某種災

難什麼時候會發生。這種時候，不是對交易人極為有利，就是對他們造成致命的打擊。幸運的話，結果可能是中性的。如果交易人懂得未雨綢繆，預先為這類事情做好準備，無數出乎意料的事件都能化解。

許多種專業人員都必須接受密集的訓練，以因應出乎意料的罕見事件。醫生、護士和急救人員等醫療領域中的幾乎每個人，都受過處理緊急狀況的訓練。美國聯邦政府規定航空公司的飛行員和機組人員每年必須接受一定時數的再訓練，以因應每一種想像得到的意外事件。消防隊員、警察和特種警察單位，以及軍事人員和所有的特種部隊，都受過無數小時的訓練，以處理高壓力的在職狀況。這種方法和理論其實很簡單：如果一個人能夠受益於培訓、練習和排演，那麼在突然發生和可能造成高壓力、恐懼或焦慮的狀況中，那個人就會做好採取行動的準備。這件事非常重要；受過訓練的人會保持冷靜的頭腦、不慌不忙，發揮智慧，而能在出乎意料的極端壓力下採取行動。

任何交易人如果肯花時間，為假設情境做好計畫，會居於很大的優勢。我們都知道，沒有做好準備的交易人，反應會像「車頭燈前的鹿」，在需要採取行動的當下，不管身體上或心理上，反而一動也不動。

人屈服在極端脅迫之下的症狀稱為「負恐慌」。這個時候，人會休克、無法理解到底發生了什麼事、沒有意識到緊急情況已經發生，甚至反而感到興奮，以為什麼事都沒出錯。這是我們的大腦在我們的身心系統經歷突如其來的嚴重震撼時，保護我們的方法。

訓練自己在極端的壓力下能夠思考和行動，是交易的一部分。交易人在每個交易日都面對不確定性，而且習慣於正常的交易日和執行例行性作業。技巧熟練和做好準備的交易人，將能在極端不確定、較為罕見的事情發生時採取行動。

過去曾經發生的突發事件，包括美國聯邦準備理事會在市場交易時，無預警地提高或降低利率。這可能導致市場瞬間極其快速地波動，幾乎所有的市場參與者都措手不及。這種環境中，債券和外匯市場可能在數秒之內激漲或重挫整整兩點以上。站錯邊且沒有使用停損保護的交易人，必然招致嚴重的虧

損，心理也會大受傷害。

2001 年 9 月 11 日，紐約市的世界貿易中心遭到攻擊，便是極端的離奇事件，導致市場關閉好幾天。2001 年 9 月 17 日，市場恢復交易，恐慌性賣盤連續殺出五天，之後漲勢持續了幾個月之久。重新交易那一天，S&P 500 合約開盤跳空重挫約 60 點。大家都知道，市場關閉時作多的任何人，在市場恢復交易時蒙受巨大的虧損（見圖 13.3）。

圖 13.3 S&P 500 日線圖 市場在 2001 年 9 月 11 日關閉，9 月 17 日恢復交易，S&P 500 開盤跳空重挫 60 點。

出乎意料的消息發布、世界各地發生的政治事件、恐怖行動和技術障礙，都可能造成市場突然極端波動。市場不喜歡不確定性，有時會對極端的不確定狀況反應激烈。

有個非常重要的交易準則，可以幫助你將非你所能控制的事件所造成的損害極小化：絕對不要違背部位規模或務必使用停損單的資金管理準則。在意外

事件造成市場罕見的波動中，你的停損單很可能以非常糟糕的價格成交。這是不可避免的，可能發生，也會發生。最好的事情莫過於感謝你的確下了停損單、把自己踢出市場和繼續往前走。

另一方面，如果你發現自己碰巧站在這些突然波動走勢的正確一邊，不妨將之視為天上掉下來的禮物，歡喜收下便是。這些波動反轉的速度可能和產生的速度一樣快，如果你發現眼前有一筆橫財，最好的作法是趕快收進口袋。

除了這類稀有的事件，交易人也可以針對其他潛在的災害預為規劃。雖然需要提前思索和規劃，但這類事情一旦發生，你會發現額外投入那些時間十分值得。我們列出可能嚴重破壞交易日的一些常見事情：

電力中斷。行動電話最好隨時充飽電，因為你也許需要在停電時打電話去下單。電話和網際網路服務經常因為停電而中斷。執行當日沖銷交易時，如果沒辦法妥善管理未軋平部位，則結清出場是好作法。一些交易人的筆記型電腦能夠無線上網，並在停電期間繼續使用。

電腦當機。你必須事先做好計畫，以因應萬一電腦當機，無法管理未軋平部位和存取資料。人類的科技並不完美，而且總是在最不恰當的時候出槌。

下單錯誤。交易人下的委託單，偶爾會輸入錯誤的股數或合約數。如果委託單超出了你的資金管理計畫，將錯就錯，試圖從中賺取利潤是不智之舉。務請記住：你也一樣可能輕而易舉就發生更大的損失。請立即拋出過多的股數或合約數，按原定計畫執行交易。

下錯買單或賣單。另一種下單錯誤，是交易人想下賣單，卻下成買單。任何委託單成交時，檢查未軋平的部位，是非常好的習慣。有許多故事說，交易人在一天結束時，以為自己的交易獲有利潤，後來才發現因為下錯單和沒有檢查部位而發生虧損。

報表上資訊不正確。好好保存交易紀錄。偶爾你會看到你的帳戶上出現你沒買或沒賣的東西。通常打電話給營業員，就能解決這個問題。交易人務必好

好保存每天的紀錄，包括每次成交的委託單號碼。寫下委託單號碼不會花很多時間，而且這通常是交易檯會問的第一件事。每天關閉交易平台之前，交易人應該小心翼翼地檢查，確保任何未軋平的委託單是正確的，以及當天的損益和交易人的紀錄相符。單單這件事，可以消除解決錯誤的許多困難。

意外的消息公布／交易所關閉。 交易所偶爾會突然關閉，原因包括交易所的技術設備出問題，或者如同前面說過的 2001 年 9 月 11 日恐怖份子攻擊等世界大事發生。意外發布的消息偶爾會使市場激烈波動。以前曾有特定交易所中某個市場的所有委託單遭到取消的事情發生。我們可以利用另一個交易所的另一個工具，對某個部位做好避險動作。舉例來說，交易人如果在 E-mini S&P 500 市場有未軋平的空頭部位，可以同時作多道瓊指數期貨。像這種時候，有時經紀商和交易檯的電話線會非常忙碌，可能很難下達指令。如果不可能做好部位的避險動作，而且市場恢復交易時會處於不利的地位，那麼盡你所能優雅地出場，然後繼續操作。請記住：這種事很少發生，你無力控制，只能盡己所能去因應。

開盤大幅跳空。 如果你持有部位過夜，遲早會遇到市場開盤時，價格跳空超越你的停損點。買盤和賣盤失衡，以及一夜之間有某種新聞衝擊市場或者股票，就可能發生開盤跳空的情型。發生這種事時，可以等待市場開盤後約 20 分鐘再處理。如果價格接著往對你有利的方向行進，則將停損單下在高點或低點。要是價格走勢繼續對你有利，你可以下落後停損單，或者在價格到達你原來的停損單時出場。如果跳空對你有利，至少將部分意外之財落袋和調整停損點是明智之舉。市場突然遭到新聞撼動之後，走勢往往會反轉，你絕對不想吐回利潤。如果價格繼續使你發生虧損，你會在下停損單的高點或低點停損出場。

高壓力或分心。 每個交易人面對壓力和分心的事情，容忍度不同。每個人在生活中的某些時候，高得不同尋常的壓力或外界讓你分心的事情，會使你很難以很高的效率去操作。這類壓力包括離婚或者人際關係出問題、至親死亡或生病。同樣的，請花點時間，事先規劃在這些情況下，採取什麼行動最好，例如停止或限制交易，直到恢復若干平衡為止。壓力過大的期間，操作很容易發生虧損，暫時休息往往是最好的解決方案。

追求完美交易

交易是一個不斷完善和調整的過程。交易人如肯花時間擬定整體交易計畫的每個部分，將能在交易這條路往前邁進的途中持續調整得更完美。

交易人看到市場情況有所變化時，可以調整實際的每日交易計畫。當交易人更有經驗或者狀況容許時，他們可以改變交易管理方式。長遠來看，這將有助於提升利潤，以及在必要時降低損失。少了任何類型的每日交易計畫，交易人幾乎不可能確定哪個地方需要更動和改進。每個交易人用來操作的時間框架，將決定他多常進行調整。較短的時間框架相較於較長的時間框架，可能需要較常調整和改進。

事業經營計畫部分則可以每個月、每一季，或者每 6 個月檢討一次，評估交易事業的成本是否與計畫一致。在這些檢討時點，交易人可以確定成本是否超支。只要他們認為有必要，就可以調整。手續費是交易費用，交易人可能希望將它列為業務經營成本；他們可以四處比價，尋找更低的手續費，或者如有必要，請經紀商斟酌調低手續費。

隨著符合應變計畫的不同情境出現，交易人可以在處理這些情況的作法上有所調整。他們可能經歷一種狀況，並且找到可接受的處理方式，這時就應該記錄下來，以供將來參考。但如果出現的情況，交易人沒有做好因應的準備，而且需要別人協助找到解決方案，他們可以請教其他的交易人過去如何處理類似的情況。和其他交易人互動，未雨綢繆找出處理意外事件的方法，對交易人助益很大。事先準備和規劃好要在交易的所有層面採取什麼行動，將有助於交易人專心致志、有能力採取行動，並在正常的交易期間和出乎意料的事件發生的罕見情況中，盡可能保持冷靜。

整體交易計畫的每個部分如何格式化，並沒有對或錯的方法。一些交易人喜歡用手寫的方式把每個部分記下來。其他的交易人則喜歡使用電子試算表或電腦文字處理程式。這真的沒有差別；重要的是交易人把每個層面視為嚴肅且需要深思熟慮的活動，並且真的花時間去擬定交易計畫。

將整體交易計畫的三個部分結合起來，將強化交易人的信心、增進交易技巧，並且協助交易人學習將交易當作事業去經營。

【實戰心法】
我們還沒有遇到任何「獲利快車道」交易系統；成功需要交易人努力工作、持之以恆和執著力行。

【投資小叮嚀】
將資訊寫在你將交易的市場走勢圖上，是值得養成的好習慣。
One excellent habit to develop is to write the information on a chart of the market that you will be trading.

第 14 章

例行性作業

例行性作業可以在市場充滿不確定性的時候平衡我們，並且促使我們遵循交易計畫。

發展例行性作業是交易準備重要的一環。每個交易人最後都要發展自己獨特的例行性作業。我們可以把例行性作業想成是一張交易檢核表。它們給我們機會，去檢討過去的交易、準備即將到來的交易，並且調整注意焦點和心理態度。例行性作業可以在市場充滿不確定性的時候平衡我們，並且促使我們遵循交易計畫。

這一章要談交易人可以發展例行性作業的三個領域：
1. 交易準備
2. 心理準備
3. 身體準備

發展例行性作業的方法並沒有對或錯，而且大部分交易人發現，他們的例行性作業會隨著他們身為交易人的演進而改變。

交易準備

踏進交易這一行的每個人，都應該努力培養良好的習慣。一天編織一股好習慣，最後將結成難以扭斷的纜線。花時間為交易做好準備的人，遠比花很少時間或沒花時間，而且只在市場開盤交易才露臉的人，更有可能取得成功。作為例行性作業的交易準備，可以細分成市場開盤前、市場交易盤中和市場收盤後的交易準備。我們從開盤前的準備說起。

開盤前的交易準備
開盤前交易檢核表

- 檢視隔夜市場中的市場或者個股情況。
- 檢視隔夜發布的相關新聞。
- 如果是操作股票，務必檢查財務報告日期，如果已經發表，則在市場開盤前檢查對股價的影響。
- 在市場開盤前，檢查已經發布的經濟報告。這些報告往往會衝擊市場價格。
- 檢視交易計畫；如果市場或股票可能開盤跳空而影響原始的交易計畫，那麼也許需要在開盤前作好調整動作。
- 印出前一天的帳戶報表；檢視有無任何錯誤。
- 檢查帳戶，確認是不是有任何未軋平部位。
- 檢查可供交易的資金金額。
- 在走勢圖上針對圖形完成區標出價格警示，或者標出停損點警示或者獲利目標。

我們發現，準備一本筆記簿，把你在市場上觀察到，可能和隔天的交易有關的事情記下來，然後在隔天開盤前溫習筆記內容，對你很有幫助。舉例來說，你可以記下具體的支撐區或阻力區，以及隔天可能完成或者交易人想要追蹤的任何圖形。你觀察到的任何事情都應該記下來，這樣才能在需要時回頭去參考（市場正在波動時，我們很容易忘記已經觀察到的重要事情）。

市場交易盤中
市場交易盤中檢核表

- 監視圖形、價格和開盤交易。耐心等候你的交易格局形成。除非你是非常短線的交易人，否則避免盯看每一檔的跳動。緊盯每一個向下跳動檔和每一個向上跳動檔，可能嚴重傷害交易人的心理福祉，並且容易造成衝動性交易。如有可能，請設定語音警示。
- 請記下你觀察到，稍後想要檢視的價格或圖形。
- 市場交易盤中要經常休息。
- 線上聊天室是非常好的學習工具，但要小心注意，不要不根據交易計畫或者你曾親自研究過的交易格局而進場交易。
- 收盤前軋平任何一筆當日沖銷交易。不要抱牢當日沖銷交易過夜，使賠錢的交易變成部位交易。

如果你是在 5 分鐘走勢圖等短期的時間框架中交易，那麼你的交易計畫可能應該在那個時間框架中，留意全天形成的特定圖形。在這種情況下，交易人需要全天監視那個市場中的價格。但如果交易人是從 60 分鐘或日線圖等較長的時間框架去交易，整天目不轉睛緊盯著價格就沒有意義。

很多市場現在幾乎一天交易 24 小時，交易人應該側重於在適合他們每日作息時間的市場中交易。只有部分時間可以操作的交易人，選擇的市場和時間框架，也不應對本業造成太大的干擾。

市場收盤後
市場收盤後檢核表

- 交易平臺關閉前務必檢查帳戶，確保任何未軋平的部位都正確，而且軋平的部位的確已經軋平。
- 比對帳戶和盤中的交易紀錄，檢查損益是否相符。
- 檢查和確保交易的合約口數或股數正確。
- 記錄所有的委託單號碼和交易內容。圖 14.1 是一張委託單追蹤底稿。
- 更新保存交易資料的試算表。
- 更新任何手繪走勢圖或其他資料。
- 記下隔天的任何交易機會；這時應該做好一般性的家庭作業，為隔天的交易做好準備。準備工作包括掃描市場和個股的圖形。
- 評估任何未軋平的部位，以確定停損單、獲利目標等等。

	日期	市場／股票	多／空	數量	委託單#	價格	停損點	出場	獲利	虧損	手續費
	交易追蹤底稿										
1											
2	17-Jan	ES	Short	2	347658	1441	1446	1443	3		
3							1439	1439	5		9.5
4	18-Jan	ES	Short	2	458921	1435	1438	1434	1		
5							1435	1433.5	1.5		9.5
6											
7											
8											
9											
10											
11											
12											
13											
14											

圖 14.1 交易追蹤底稿範例，包含委託單號碼

用手繪製某種走勢圖——繪製圖表或者圖形——是任何交易人例行性作業中
非常好的作法。我們喜歡繪製那一天的 S&P 500 市場 5 分鐘走勢圖，並且記
下高點和低點出現的時間、發展出來的圖形，以及觀察到的其他任何事情。
圖 14.2 是 E-mini S&P 500 的手繪 5 分鐘走勢圖。這會提醒我們注意什麼時
候發生變化和發展中的圖形。我們相信每天動手畫些東西，會使大腦連結得
更好，並對價格圖形產生直覺。我們強烈鼓勵所有的交易人將某種型式的手
繪走勢圖加進每天的例行性作業。

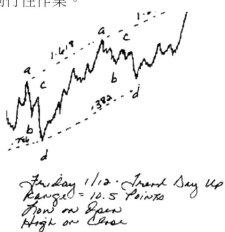

圖 14.2 5 分鐘 E-mini S&P 500 手繪走勢圖範例

心理準備

你每天的例行性作業,需要納入在心理上做好準備,以迎接交易的方法,也需要判斷任何一天,你是否適合進場操作。以下是每天都需要檢視的一些項目:

- 你休息夠了嗎?
- 除了交易,你是否不受可能造成高壓力水準的其他事情纏擾?
- 例行性的交易準備做好了嗎?交易計畫擬定好了嗎?
- 你的感官敏銳嗎?是否有任何揮之不去的不利影響?我們建議交易日前數天不喝酒。
- 你是否願意接受損失?有時單單問自己這個問題,就回答了你那一天是否應該交易的問題。

每一天在心理上做好交易的準備,和以交易計畫做好準備一樣重要。當你心理上沒有準備好要進行交易,試著進場交易是非常昂貴的。一兩天坐著一動也不動,並沒什麼不對。我們所列的任何項目,都可能對交易日的結果產生負面的影響。

一天結束時,交易人如果因為心理錯誤導致不必要的交易錯誤而損失慘重,會進一步傷害交易人的心理。許多時候,交易人放自己一天假,去享受操作以外的活動,損失不會那麼慘重,對整體的心理健康也比較好。一連串的交易錯誤,對交易人來說可能是警訊,表示他們需要休息更長的時間,應該考慮至少放假幾天。

交易人隨著經驗更加豐富,可以學習衡量自己的心理能力,看看能不能做好需要做的所有事情,將交易執行好。我們能夠察覺自己何時心理狀況良好,何時不好。我們必須學會知道自己會在哪一點跨越心理界限。這些時候,我們的心理和我們的帳戶會受到嚴重的損害。每個交易人務必知道心理平衡點在哪裡,並且尊重它。交易新手可能發現自己的心理界限比市場經驗較為豐富的交易人要窄。經驗更為豐富的交易人比較能從損失中恢復過來。務請了解這也是擴大你的心理能力,以處理各種交易情況的過程。當你的經驗更加豐富,處理更多情況的能力也會增強。

交易人可以在交易之前採取行動，以創造正面的心理態度和專注於以機率去思考。翻開勵志書籍或文章讀上幾頁，幫助很大。道格拉斯寫的《交易心理分析》，是我們的最愛之一。道格拉斯發自肺腑和交易人講話，讓人覺得書內的每一句話，好像都是道格拉斯直接對他說似的。

交易人寫下短短的幾句話或者語錄，在交易日內一讀再讀，會有助於他們專心致志和保持正確的心理框架。找交易夥伴或朋友分享交易構想和故事，也非常有用。糟糕的一天過後，只要把不愉快的記憶拋諸腦後，就能重回正軌，再度以清晰的眼光看事情。

一連串的損失可能開始侵蝕交易人的心理態度。我們說過，損失一直是交易的一部分。一連串的虧損之後，最常見的是一連串的獲利。明白這一點，並且邁開步子繼續向前行，是保持正面心理態度的好方法。虧損告訴你，你建立的部位是錯的，但是停損單能夠防止合理的損失滾成災難性的大損失。沒有任何理由因為發生虧損而自責；如果你發現你因為虧損而自責，那麼請重新聚焦，從機率的角度去思考。

多讀勵志書籍

和經過考驗的方法、軟體程式，或者交易人使用的指標比起來，正面的心理態度對他們的重要性有過之而無不及。許多勵志書籍可以收進交易人的書單中，以激勵他們的正面心理態度。下列幾本書，我們很喜歡：

《思考致富》（Think and Grow Rich），拿破崙 • 希爾（Napoleon Hill）著。
《思考的人》（As a Man Thinketh），詹姆斯 • 艾倫（James Allen）著。
《智慧明燈》（Light from Many Lamps），莉蓮 • 沃森（Lillian Watson）著。
《交易要領：你想什麼不重要，怎麼想才重要》（Essentials of Trading: It's Not WHAT You Think, It's HOW You Think），拉里 • 裴薩文托（Larry Pesavento）與萊絲麗 • 喬弗拉斯（Leslie Jouflas）著。

我們在本書最後的推薦讀物部分，列出其他的書籍，但願所有的讀者都能細讀其中的許多好書。

希望你能記住二次世界大戰期間，倫敦每天遭到轟炸時，溫斯頓 · 邱吉爾（Winston Churchill）在哈羅公學（Harrow School）發表的著名演說中的這句話：「絕不屈服。絕不，絕不，絕不，絕不——無論是大事，還是小事，重要的事，還是瑣碎的事，凡事——絕不屈服。」

身體準備

身體健康無疑會提升精力、減低壓力，並且改善我們的心理態度。所有這些，都有助於增進交易技巧。把經常運動和吃得營養的飲食習慣納入例行性作業中，對交易人有幫助。

交易的壓力很大，身心盡可能做好準備，以因應交易時的高壓力，是明智之舉。把運動加進我們的例行性作業清單，有助於我們減低交易日帶來的壓力。運動會使我們神清氣爽，而用新的眼光去看事情。心血管運動可以增進血液流動，並釋出腦內啡，因而提振我們的心情和緩解壓力。

我們說過，交易日前一週不要喝酒十分重要。酒精會使大腦的功能減慢，並且留存體內長達 24 小時之久。交易的時候，我們需要提高警覺，喝酒或者吸毒對高績效水準不會有幫助。

建議你將下列項目收進你的例行性作業中：
休息。規律的睡眠和適當的休息，對交易助益很大。試著在每天的同一時間上床，每天早上同一時間起床。

營養。吃健康的食物，多喝水。食物和飲料中的糖會使活力水準下降，可能令人失去專注力和造成交易錯誤。很多食物有助於維持高活力水準和良好的專注力。

運動。每週至少運動 3 次。有很多運動課程和選項可挑，如瑜伽、散步、普拉提斯（Pilates）、跑步、舉重，以及這些運動的組合。

減少使人分心的事情。交易時分心是很昂貴的一件事，尤其是當你執行當日

沖銷交易時。接聽電話會使你不再專注於需要時時刻刻盯著的未軋平交易。

過多的噪音會干擾交易，其他許多叫人分心的外界干擾也是。確定你能忍受的分心水準，然後屏絕其餘的。聊天室會叫人分心；只選擇有教育和學習作用的聊天室參與。

拋開交易。經常規劃一段時間，遠離交易，這是十分重要的事情。交易可能對我們要求很多，令人筋疲力盡。不妨安排暫時離開交易的短暫休息和長期休假。

大部分交易人發現，一旦他們為自己擬好堅實的例行性作業清單，可能反而覺得失去平衡，甚至有點無法控制，因為由於某個原因，他們無法完全滿足例行性作業的要求。例如交易日前一天很晚才回家，找不到足夠的時間檢討和完成清單上所有的項目，為隔天的交易做好準備。但是，一旦回頭執行例行性作業，交易人通常會覺得十分熟悉，感到重新掌控一切。例行性作業讓我們在不確定的環境中站穩腳跟。

有時，離開交易活動幾天或幾週，交易人可能失去方向感，難以感受市場的脈動。經過比較長的休息過後，回來恢復執行例行性作業，通常會使他們立刻重回離開前的地方。花點時間深思熟慮，擬定例行性作業清單，對你的交易、心理態度和身體健康都有好處。

【實戰心法】
花時間為交易做好準備的人，遠比花很少時間或沒花時間，而且只在市場開盤交易才露臉的人，更有可能取得成功。

【投資小叮嚀】
經常規劃一段時間，遠離交易，這是十分重要的事情。
Routinely planning some time away from trading is crucial.

附錄

實用參考資源

交易人有許多好書可看——多到不勝枚舉。其中包括我們認為十分值得花時間去拜讀的。這裡也收錄一些交易雜誌和網站資訊。

技術性書籍

Bulkowski, Thomas N., Encyclopedia of Chart Patterns (New York: John Wiley & Sons, 2000).

Garrett, William, Investing for Profit with Torque Analysis of Stock Market Cycles (Englewood Cliffs, NJ: Prentice-Hall,1973).

Gartley, H.M. Profits in the Stock Market (Pomeroy, WA: Lambert-Gann Publishing, 1935).

Gilmore, Bryce, Geometry of Markets (Self-published, 1989).

Grant, Kenneth L., Trading Risk: Enhanced Profitability through Risk Control (Hoboken, NJ: John Wiley & Sons, 2004).

Hill, John, George Pruitt, and Lundy Hill, The Ultimate Trading Guide (New York: John Wiley & Sons, 2000).

Nison, Steve, Beyond Candlesticks (New York: John Wiley & Sons, 1994).

Nison, Steve, Japanese Candlestick Charting Techniques (New York: New York Institute of Finance, 1991).

Pesavento, Larry, Fibonacci Ratios with Pattern Recognition (Greenville, SC; Traders Press, 1997).

Pesavento, Larry, and Peggy Mackay, The Opening Price Principle (Greenville, SC: Traders Press, 2000).

Schabacker, R.W., Stock Market Theory and Practice (n.p.: B.C. Forbes Publishing Company, 1930).

勵志書籍

Allen, James, As a Man Thinketh (Mount Vernon, NY: Peter Pauper Press, 1960).

Bristol, Claude M., The Magic of Believing (New York: Pocket Books/Simon & Schuster, 1969).

Hill, Napoleon, Think and Grow Rich (New York: Tarcher Publishing, 2005).

LeFévre, Edwin, Reminiscences of a Stock Operator (New York: John Wiley & Sons, 1993).

Longstreet, Roy, Viewpoints of a Commodity Trader (Greenville, SC: Traders Press, 1967).

Mack Gary, with David Casstevens, Mind Gym (New York: Contemporary Books/ McGraw, 2001)

Pesavento, Larry, and Lesline Jouflas, Essentials of Trading; It's Not What You Think, It's How You Think (Greenville, SC: Traders, 2004).

Schwartz, Marty, Pit Bull (New York: HarperBusiness, 1998).

Smitten, Richard, The Amazing Life of Jesse Livermore (Greenville, SC: Traders Press, 1999).

Watson, Lillian, Light from Many Lamps (New York: Simon & Schuster, 1951).

交易人專訪

Collins, Art, When Supertraders Meet Kryptonite (Greenville, SC: Traders Press, 2002).

Schwager, Jack, Market Wizards (New York: New York Institute of Finance, 1989).

Schwager, Jack, The New Market Wizards (New York: HarperBusiness, 1992).

Schwager, Jack, Stock Market Wizards (New York: HarperBusiness, 2001).

交易心理書籍

Douglas, Mark, The Disciplined Trader (New York: New York Institute of Finance, 1990).

Douglas, Mark, Trading in the Zone(New York: New York Institute of Finance/ Prentice Hall, 2000).

Kiev, Ari, Hedge Fund Masters (Hoboken, NJ: John Wiley & Sons, 2005).

Maltz Maxwell, M.D., F.l.C.S., Psycho-Cybernetics (Englewood Cliffs, NJ: Prentice-Hall, 1960).

McCall, Richard D., The Way of the Warrior Trader (New York: McGraw-Hill, 1997).

Murphy, Shane, and Doug Hirschhorn, The Trading Athlete (New York: John Wiley & Sons, 2001).

Philips, Larry W., Tao of Poker (Avon, MA: Adams Media Corporation, 2003).

Steenbarger, Brett N., Enhancing Trader Performance (Hoboken, NJ: John Wiley & Sons, 2007).

Steenbarger, Brett N., The Psychology of Trading (Hoboken, NJ: John Wiley & Sons, 2003).

Sun Tzu, The Art of War, trans, Thomas Cleary (Boston: Shambhala Publications, 1991).

交易雜誌

Active Trader

Futures Magazine

Technical Analysis of Stocks & Commodities

Trader Monthly

Trader's Journal

運用費波納奇工具的軟體資源

Ensign Software — www.ensignsoftware.com
eSignal (also operates QCharts) — www.esignal.com
TradeStation — www.tradestation.com

交易相關網站

www.brettseenbarger.com
www.cboe.com
www.cbot.com
www.cme.com
www.ensignsoftware.com/help/simbroker.htm — Simulated Trading
www.markdouglas.com
www.tradingliveonline.com
www.tradingtutor.com

作者：強強雙人組

拉里 · 裴薩文托 實戰經驗 40 年

裴薩文托（Larry Pesavento）有 40 年實戰經驗的資深交易人，在商品期貨交易委員會（Commodity Futures Trading Commission）、美國全國期貨協會（National Futures Association）和美國證券管理委員會（Securities and Exchange Commission）都有註冊，曾經是芝加哥商業交易所（Chicago Mercantile Exchange）的會員（1981～1983 年）。獲有化學製藥學士學位（印第安那州立大學，1963 年）和印第安那州立大學主修財務的企業管理碩士學位（1970 年）。他針對交易這個主題寫的書有：

《天文週期：交易人的觀點》（Astro-cycles: The Traders Viewpoint, Traders Press, 1987）；

《投機市場的行星諧波》（Planetary Harmonics for Speculative Markets, Traders Press, 1990）；

《調諧振動：從傳統的週期理論到天文諧波的蛻變》（Harmonic Vibrations: A Metamorphosis from Traditional Cycle Theory to Astro-Harmonics, Traders Press, 1990）；

《圖形辨識的費波納奇比率》（Fibonacci Ratios with Pattern Recognition, Traders Press, 1997）；

《股票交易的獲利圖形》（Profitable Patterns for Stock Trading, Traders Press, 1999）；

與佩吉 · 麥凱（Peggy MacKay）合著的《開盤價原理》（The Opening Price Principle, Traders Press, 2000）；

與麥凱合著的《一位交易人日記中的私人想法》（Private Thoughts from a Trader's Diary, Traders Press, 2002）；

與萊絲麗 · 喬弗拉斯（Leslie Jouflas）合著的《交易要領：你想什麼不重要，怎麼想才重要》（Essentials of Trading: It's Not WHAT You Think, It's HOW You Think, Traders Press, 2006）。

拉里的電子郵件地址是 larry@tradingtutor.com。

萊絲麗 · 喬弗拉斯 操盤高手

萊絲麗 · 喬弗拉斯（Leslie Jouflas）1996 年開始交易，2000 年揮別 17 年的航空公司職業生涯，全職投入交易。她曾經研究很多交易方法，包括艾略特波、選擇權策略、動量交易、典型的技術面分析和費波納奇比率與圖形。

繼交易股票及股票選擇權之後，她現在交易期貨和商品，而且重心放在 S&P 500 市場。除了操作自己的私人帳戶，也代為管理私人帳戶。

喬弗拉斯為《交易人日誌》（Trader's Journal）、《活躍交易人》（Active Trader）和《股票與商品技術面分析》（Technical Analysis of Stocks & Commodities）等刊物寫過一些文章。

合著有《交易要領：你想什麼不重要，怎麼想才重要》（Essentials of Trading: It's Not WHAT You Think, It's HOW You Think, Traders Press, 2006）。喬弗拉斯教講習班，可以應邀發表演說。她也當教練和指導學生圖形辨識交易，強調改善與加強執行技巧。

喬弗拉斯的電子郵件地址是 ljouflas@msn.com，也可在 www.tradingliveonline 找到她。

金融交易聖經
——圖形辨識

Trade What You See
How to Profit from
Pattern Recognition

作　者　拉里・裴薩文托(Larry Pesavento) &
　　　　萊絲麗・喬弗拉斯(Leslie Jouflas)
譯　者　羅耀宗

發 行 人　程顯灝
總 編 輯　呂增娣
執行主編　李瓊絲
特約編輯　黃玉成
主　　編　鍾若琦
編　　輯　吳孟蓉
編　　輯　程郁庭
編　　輯　許雅眉
助理編輯　鄭婷尹
美術主編　潘大智
美術設計　鄭乃豪
版型設計　徐紓婷
行銷企劃　謝儀方
出 版 者　四塊玉文創有限公司

總 代 理　三友圖書有限公司
地　　址　106台北市安和路2段213號4樓
電　　話　(02) 2377-4155
傳　　真　(02) 2377-4355
E — mail　service@sanyau.com.tw
郵政劃撥　05844889 三友圖書有限公司

總 經 銷　大和書報圖書股份有限公司
地　　址　新北市新莊區五工五路2號
電　　話　(02) 8990-2588
傳　　真　(02) 2299-7900

初　　版　2014年10月
定　　價　新臺幣400元
I S B N　978-986-5661-10-6（平裝）

http://www.ju-zi.com.tw
三友圖書
友直 友諒 友多聞

國家圖書館出版品預行編目 (CIP) 資料

金融交易聖經——圖形辨識 / 拉里．裴薩文
托 (Larry Pesavento)，萊絲麗．喬弗拉斯 (Leslie
Jouflas) 合著；羅耀宗譯 .-- 初版 .-- 臺北市
：四塊玉文創，2014.10
　　面；　公分
譯自 : Trade what you see : how to profit from
pattern recognition
ISBN 978-986-5661-10-6(平裝)

1.股票投資 2.投資技術 3.投資分析

563.53　　103018043